U0369655

DECISIVE
VALUE CHAIN

# 决胜价值链

## 从供应链到价值链管理跃迁

姜宏锋 —— 著

机械工业出版社
CHINA MACHINE PRESS

**图书在版编目（CIP）数据**

决胜价值链：从供应链到价值链管理跃迁 / 姜宏锋著 . —北京：机械工业出版社，2023.6
ISBN 978-7-111-72975-4

I. ①决… Ⅱ. ①姜… Ⅲ. ①企业管理－研究 Ⅳ. ① F272

中国国家版本馆 CIP 数据核字（2023）第 063334 号

机械工业出版社（北京市百万庄大街 22 号 邮政编码 100037）
策划编辑：杨振英　　　　　　　责任编辑：杨振英
责任校对：王荣庆　许婉萍　　　责任印制：常天培
北京铭成印刷有限公司印刷
2023 年 6 月第 1 版第 1 次印刷
147mm×210mm · 8.5 印张 · 3 插页 · 129 千字
标准书号：ISBN 978-7-111-72975-4
定价：89.00 元

电话服务　　　　　　　　　网络服务
客服电话：010-88361066　机　工　官　网：www.cmpbook.com
　　　　　010-88379833　机　工　官　博：weibo.com/cmp1952
　　　　　010-68326294　金　书　网：www.golden-book.com
**封底无防伪标均为盗版**　机工教育服务网：www.cmpedu.com

# 内容框架

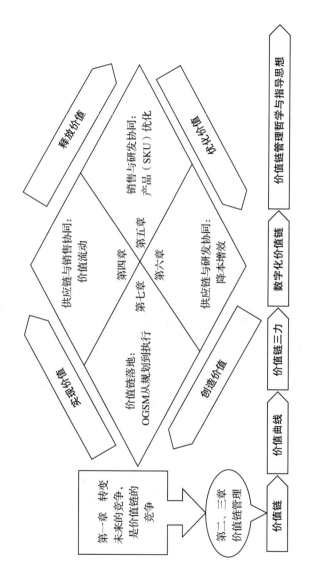

## | 赞誉 |

姜宏锋老师是沪上阿姨鲜果茶的供应链顾问，过去两年对我司进行实效辅导，帮助我司启迪智慧，升级系统，仅2022年一年就帮助我司健康降本1.3亿元，效果显著！

姜宏锋老师的价值链新书由浅及深地论述了商业环境中价值链的本质，以及推动价值链协同所带来的巨大收益，有理论、有方法、有案例、有落地工具。推荐本书给正在或准备从供应链升级到价值链的企业的创始人、管理层及供应链团队，指导企业基于长期主义进行价值创造，做难而正确的事。

——沪上阿姨创始人单卫钧

2020 年我司聘请姜宏锋老师长期陪跑南孚电池。当时我们就意识到，南孚电池要想可持续发展，需要从全价值链挖掘潜力，提升组织协作能力，获得系统竞争力。姜宏锋老师帮助南孚电池团队升级供应链认知并将其运用落地：南孚－宝钢钢带国产化项目确保了供应链安全和成本优势；指导 IT 系统升级；推动与供应商的战略合作关系，可持续降本；带领南孚电池向浪费宣战，向管理要利润，进行全价值链挖潜。姜宏锋老师的顾问工作，并非局限于供应链层面，延伸到了客户价值、战略、管理、组织能力，标本兼治！

姜宏锋老师的新书，系统架构、全局思维，以客户价值推动企业价值链体系协同，知行合一，我推荐所有在传统企业工作并寻求业务转型的企业高管学习，相信本书有助于您及企业更上一层楼。

——南孚电池总经理刘荣海

2022 年国庆假期期间我和高管团队参加了姜宏锋老师的第六届供应链灯塔计划。课堂上姜老师风趣幽默、深入浅出的讲解，以及对 VUCA 时代供应链管理的独到见解，对于处在转型期的企业和我本人真的如同灯塔一般，点亮了我和同事对企业未来发展的思考和规划。我们当即决定聘请姜老师作为公司长期顾问，与我们一同制定公司发展战略，一同伴随公司成长。公司各部门通过寻找协同点，深挖瓶颈点，构建研发、销售、供应链三角作战体系，真正做到"可靠，增值，专注"，以期赢得客户和未来发展。辅导很快见效，短时间内公司各部门目标一致，协同提升，取得了较大成效。研发和供应链协同解决瓶颈物料，做价值分析，与供应商协同创新，在大幅降低成本的同时，使供应产能近乎翻倍。

诚挚地向企业家及创业团队推荐，本书既有系统思维，又有落地方法，希望它能够像启发我们团队一样，启发更多的人，以确定的组织能力做正确的事，赢得不确定的未来。

——深圳市拉普拉斯新能源
股份有限公司董事长林佳继博士

因拜读《采购4.0：采购系统升级、降本、增效实用指南》《决胜供应链：降本增效快响应》和姜宏锋老师结缘，李总裁与我专程飞到杭州培训会场，聘请姜宏锋老师成为我们的金牌顾问。姜老师擅长将复杂内容化繁为简，使其可学、可落地。在姜老师的帮助下，我们顺利完成了供应链组织变革，进入供应链全链集成与协同；通过采购阳光化管理与研发、生产等跨部门协同实现卓有成效的降本；推动 SKU 优化、升级需求与计划，解决库存积压；质量防线的建设、供应商评价及战略合作，使我们在满足销售快速交付的同时，也极大改善了库存周转率、资源利用率、呆滞率等供应链核心指标，带来了业绩的快速增长，助力中迅农科成为中国农药行业的引领者。

《决胜价值链：从供应链到价值链管理跃迁》一书中对价值链的研究是对供应链发展的本质及真相的深入探讨，是对企业从竞争、利己发展到多方合作、利他共赢、坚持价值创造、秉承长期主义与命运共同体的深度解读，从供应链到价值链及产业价值链，从供应链单军作战向企业内部产品力、营销力、供应链力三力协同跃迁升级。未来的竞争，是价值链的竞争。本书来自企业供应链变革与升级的实践、创新，不仅适合有追求的供应链从业者学习，也应是公司各层级管理者学习与理解业务的必修内容。

——广东中迅农科集团供应链总监董建志

供应链是客观存在的，价值链则是需要去创造的，《决胜价值链：从供应链到价值链管理跃迁》一书探讨的正是企业如何实现从供应链跃迁到价值链的实践方法论。全书通过务实的方法工具和丰富的应用场景，帮助企业推动端到端供应链升级，有效地构建价值链系统。

——厦门大学管理学院博士生导师许志端教授

| 前言 |

未来十年，企业面临的最大挑战是什么？管理者应如何有效应对？

同样的问题，不同的时间，不同的供需环境，答案会有所不同：供不应求的昨天，答案可能是老板的胆识与团队的执行力；供过于求的今天，答案可能是赛道选择与流量玩法；供需双变的明天，**多变的外部环境与组织内部如何协同**，答案可能是**价值链管理**。

这几年，企业太难了！地缘冲突与大国博弈冲击了全球化产业合作；新冠疫情等的影响使很多行业需求下降、供应不畅；行业内卷和数字化新技术不断改写游戏规则。人们称这个时代为"百年不遇的大变局"，其实质是企业进入以需求多变（Volatility）、环境不确定（Uncertainty）、系统复杂（Complexity）、信息模糊（Ambiguity）（简称VUCA）为特征的后工业时代。企业同时面临各种问题，例如材料价格暴涨与暴跌、断供与库存积压，各部门不断扯皮、抱怨：我们企业交付差、库存高、质量差、成本高，是因为供应链管理能力太差，需要提升。这些问题在供应链环节爆发，但问题的根本原因却未必来自供应链。

就像现代战争要海、陆、空三军立体作战，现代企业的竞争也要依靠海、陆、空三军立体作战。在企业中，产品（研发）是"空军"，负责设计或选择好的产品；销售是"海军"，负责将产品卖出并收款；供应链是"陆军"，负责完美交付，让客户满意并复购。产品（研发）、销售与供应链三军有效协同的系统，称为价值链。但很多企业从工业时代而来，追求局部效率，使价值链三军协同障碍重重，最终导致不协同的后果在供应链端显现、爆发。

销售与供应链不协同：销售预测不准、计划多变；供应链交付不准，互不信任、信息不畅；库存高涨，现金流差。

销售与研发不协同：SKU多而杂，产品缺乏竞争力，管理复杂度高，组织资源大量浪费。

研发与供应链不协同：成本没有优势，质量问题引发供应链频繁救火、疲于奔命。

敌未乱，三军先乱，在抱怨与冲突中，企业打乱仗，走向恶性循环……

作为一名供应链顾问，近几年我深度陪伴的企业包括沪上阿姨、南孚电池、中迅农科等30多家高速增长的企业，对企业管理者与供应链人面对供需双变形势下的压力与痛苦感同身受，与他们一起寻找解决问题的系统方案。在此过程中，我越发认识到，采购的核心问题要在供应链层级才能真正解决，供应链的核心问题要在价值链层级才能真正解决。于是在陪跑的顾问企业中，我经常"不务正业"，"越界"协同销售、研发、财务等相关部门。

为改善企业支付供应商货款不准时的问题，我联合财务发起"销售－采购应收应付一体化项目"，对客户进行分级，对销售考核应收账款，使企业与供应商关系实现双赢，紧密协作，畅通高效。

为解决交付与库存问题，我协同财务、销售、研发、供应链成立产品（SKU）优化小组，砍掉低价值的SKU，聚焦打造爆品；在帮某企业砍掉70%的SKU后，企业发现销售业绩并没有受到影响，反而使供应链运营变得更简单且更有竞争力，客户也更满意了。

为解决企业降本之后利润却没有增加的问题，改变采购部门单兵作战和供应商砍价的做法，我发起研发、生产、质量等跨部门参与的降总成本项目。2022 年尽管遭遇外部非常大的挑战，但顾问企业在跨部门协同后提质降本捷报频传：中迅农科实现健康降本约 1.2 亿元，沪上阿姨实现健康降本 1.3 亿元。

这些成绩的取得，不能完全归功于顾问。我一直认为不是顾问成就了企业，而是优秀的企业成就了顾问。顾问的价值在于帮助团队建立目标共识，提供科学方法论让企业少走弯路，发展组织能力，打造可持续发展的竞争力。最重要的是建立基于价值链的共识、目标、体系，包括但不限于：

（1）在 VUCA 后工业时代，企业之间的竞争不是供应链或单个职能的竞争，而是价值链之间的竞争。

（2）以客户价值为中心，让客户需求成为价值链三军的协同点与指挥棒；设立更高的目标，如在细分领域成为行业第一或 3 年实现业绩 10 倍增长，从而发现价值链三力中的瓶颈点并加以改进。

（3）建立有效的价值链评价体系，价值链应帮助企业当下及未来都能赚更多的钱。有效产出是否增加、库存是否下降、运营费用是否下降成为价值链协同的三个关键评价指标，也是管理层共同的决策依据。

（4）供应链成为推动价值链变革的发动机，供应链是物流、资金流的大动脉，企业的研发、销售问题都会在供应链上爆发。因此，供应链部门最知道痛在哪里，并愿意推动改变。领导应让供应链部门站上指挥台，以供应链的核心问题为大纲，找出管理系统的瓶颈，推动组织变革，促进跨职能协同，从而实现组织绩效，打造企业核心竞争力。

多年来，我一直奉行自己讲的理论自己要用，并不断复盘提升的原则。在实践中，价值链管理体系帮助了很多企业，被证明是有效的。为了让我的顾问企业团队能理解背后的逻辑，也希望更多的企业受益，在繁忙的辅导工作之余，我总结了企业辅导心得，于是有了这本《决胜价值链：从供应链到价值链管理跃迁》。

本书与我的其他图书的关系：

《采购 4.0：采购系统升级、降本、增效实用指南》的主要内容是采购管理升级，以及如何做专业采购。适合人群：企业老板 + 采购团队。

《数智化采购：采购数字化转型的方法论与实践》的主要内容是采购 4.0+ 数字化，以及企业如何实现采购数字化建设和转型。适合人群：企业管理层 + 采购部门 +IT 部门。

《供应链质量防线：供应商质量管理的策略、方法与实践》从供应链视角看如何做好质量管理，包括供应商开发、评估选择与管理。适合人群：企业管理层＋供应链部门＋质量部门。

《决胜供应链：降本增效快响应》帮助企业在供应链层级做到增效降本快响应，分析解决交付差、库存高、质量差、成本高等问题。战略、流程、团队与 IT 共同发力，推动供应链全链升级，深度挖掘供应链金矿。适合人群：企业管理层＋供应链部门。

本书并不适合所有企业、所有管理者，更适合以下团队：有远大目标与愿景、愿意秉承长期主义、不甘躺平、要为客户创造价值的高增长企业的创始人、高管团队；不甘平庸、有奋斗精神的供应链奋斗者（实现从供应链到价值链的跃迁，更好地沟通、协同、达成共识）；营销负责人、研发负责人及人力资源、财务等部门负责人与骨干（更好地理解业务、建立协同、创造价值）；第三方供应链公司、大学老师、供应链培训师或顾问等专业人士。

## 本书导读

第一章以"未来十年，企业面临的最大挑战是什么"

这个问题展开。未来十年是后工业时代，VUCA 是常态，企业遇到的最大的挑战是"外部环境多变与组织内外部不协同"。为此，企业要在思维与系统上实现两个转变：从内部产品思维向外部人货场思维转变，从单部门作战向价值链协同作战转变。价值链不协同，各种问题会在供应链环节集中爆发。企业未来的竞争是价值链的竞争。

第二章对价值链进行了重新定义：价值链是主体为利益相关方创造价值，获得竞争优势的关键活动组合创新与高效协同的动态组织形态。产业链是生态系统，产业价值链是赛道，企业价值链是选手。企业价值链在关键活动上有三军——"空军"（产品）、"海军"（营销）、"陆军"（供应链），对应价值链三力——产品力、营销力、供应链力。三家优秀企业围绕价值进行创新：汉庭酒店的价值曲线、华为的铁三角、SHEIN 的数字化价值链创新。团队要学会并应用的工具是价值曲线、价值链三力诊断与规划表。

第三章探讨价值链管理形成背后的经营哲学与企业文化的作用。组织智慧或组织健康离不开哲学与文化的指引，背后是创始人的格局。企业的愿景、忧患意识是利己，使企业变得更智慧。企业的使命、多赢思维是利他，使组织变得更健康。推行德鲁克管理思想的企业，往往既健康又智慧，重庆麻爪爪应用德鲁克管理思想指导价值链，相信其思考和逻辑会给创业团队不少启发。

第四章到第六章是价值链的实践。第四章介绍供应链与销售协同，通过分析订单准交率低、库存高的原因，建立价值链衡量指标，运用瓶颈管理五步法与产销模型，实现供应链与销售协同，促进企业价值流动。重点介绍广东福临门世家的企业实践与落地心得。第五章介绍销售与研发协同，优化产品（SKU）。过剩年代少即多，本章深入讲解产品（SKU）泛滥的危害、原因与对策。苹果、美的都在产品（SKU）优化上做出表率，本章结合顾问企业砍掉SKU的实践，总结出产品（SKU）优化七步法。第六章介绍供应链与研发协同，介绍了有效研发的规则、目标成本法。企业要降本增效，要抓住供应链与研发协同的三个关键方法：优选物料，归一化；价值工程与价值分析；与供应商开展战略合作，共同研发。这些是降本过亿的核心方法。

第七章介绍了企业战略规划落地工具OGSM，以跨境电商企业的实践案例讲解了如何借用OGSM将价值链落地并取得成效的具体过程。

为方便团队学习转化，每章都设置了学以致用环节。本书内容导图如图0-1所示。

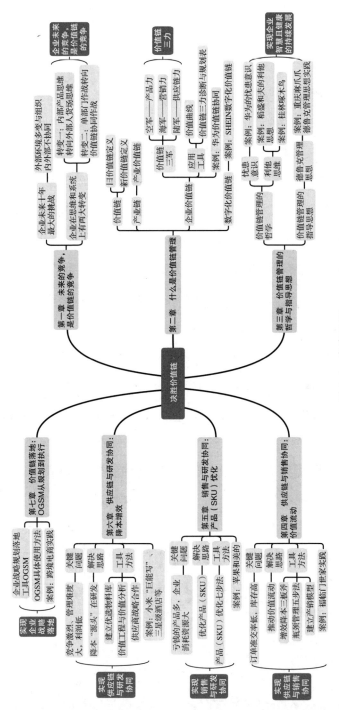

图 0-1 内容导图

致敬并感谢以下顾问企业的实践与分享：重庆麻爪爪创始人于学航创业的方法论与实践（连锁），广东福临门世家有效产出增效降本的实践（制造），广东中迅农科股份 SKU 优化实践（农化），武汉自然萃《有效研发的 10 条规则》（新零售），义乌亚杰网络价值链 OGSM 实践（跨境电商）。

致敬并感谢：袁园老师的 OGSM 课程，让价值链管理有了落地抓手；欧阳开贵老师与邓良老师的德鲁克管理思想运用，为顾问企业保驾护航。

我是一个起点不高但幸福的人。农家子弟，儿时放牛，能一路求学，这背后是父母的辛勤付出。1998 年毕业，带了 800 元资金南下，凭借临时手写的简历，在 1300 多位候选人的竞争中进入知名日企；日企学习 8 年，在美企创新，在民企实践，又有幸进入供应链培训与咨询行业，并择其成为我终生奋斗的事业。一路走来，遇到非常多的贵人、非常好的客户与学员，有了他们的信任与认可、反馈与激励，让我肩负使命，在感恩中奋斗，在幸福中前行。

感谢我的家人，纪念我的父亲。

感谢优链学堂的合伙人，感谢林晓玲老师、段雅娟老师的辛勤付出。

感谢一路陪伴我前行的老师、客户、学员、合作伙伴。这是一份无比长的名单。

感谢机械工业出版社的编辑对本书的大力支持与细致的工作。

还有太多我生命中的人需要感谢，却难以全部列出。于是我做了一个决定：和《采购4.0：采购系统升级、降本、增效实用指南》《决胜供应链：降本增效快响应》《供应链质量防线：供应商质量管理的策略、方法与实践》一样，将本书（包括再版）的版权收入，全部定向捐献给残障儿童福利事业，以此回馈我生命中的各位贵人、客户、学员、亲人、朋友、伙伴，为创造价值而奋斗的中国企业家、奋斗者，也包括正在阅读本书的你。

当你拿起本书时，我们就在一起了。我们都是价值链系统的建设者，世界会因我们而不同。

让人间多一点温暖，让世界更加丰富！

你的朋友　姜宏锋

| 目录 |

# 未来的竞争，是价值链的竞争

———

未来十年，企业面临的最大挑战是什么？

从总体趋势上看，外部环境多变与组织内外部不协同是企业要面临的重大挑战之一。首先，企业的外部整体环境处在需求多变、不确定、系统复杂与信息模糊的状态。在此状态中，黑天鹅和灰犀牛事件频出。因此，有三大变化企业要重点关注。一是国际环境的不确定性：地缘冲突、大国博弈、自然灾害等诸多要素叠加，国际从合作模式进入合作与对抗并存模式，造成全球供应链断链、价格暴涨与暴跌。二是国内供需关系的根本变化：中国正从供不应求、粗放式高增长的工业化时代进入产能过剩、存量内卷的后工业时代。三是以数字化为代表的新技术、新经济引发的客户消费习惯的变化，行业商业模式被数字化等新技术重构或颠覆。

外部环境多变，要求企业组织随之改变，但企业并未做好准备。现有的组织架构是为工业时代搭建的，以部门专业化分工为特点，部门 KPI 以历史数据为基础来设置，不仅让各部门过于关注自己的利益、决策依据不一致，同时也造成了沟通成本高、协作困难等问题。

环境在变、比赛规则在变，如果企业不变，就会被市场淘汰。应对多变的外部环境，组织要推动变革、建立以客户为中心、敏捷协同的组织体系。同时，更要在管理团队上完成两大转变。一是经营理念要从内部产品思维向外部以客户为中心的人货场思维转变；二是组织建设要从部门 KPI 博弈（单部门作战）向价值链协同作战转变。

——

## 第一节　从内部产品思维向外部人货场思维转变

### 一、人货场概述

工业化时代，产品供不应求，企业生产出产品，就有客户来买。企业容易以产品为中心，不断扩产能、扩品类，甚至扩行业，追求多元化发展。只要行业仍处于供不应求的阶段，企业就可以采取粗放管理和高速增长的模式。这个阶段企业的成功主要是因为创业者的胆识和遇到了行业红利，但有些创业者会误认为成功主要是靠自己的能力，于是到了行业产能过剩、供大于求的阶段，之前凭运气赚来的钱就会凭实力亏回去。

在产能过剩、需求多变时期，企业的战场从企业内部的产品转到了客户的竞争。很多企业认为自己的竞争对手是同行，于是耗尽心血与时间去研究与围剿同行，但真正淘汰你的，从来都不是同行，而是客户，是客户不选你了。客户为什么不选你？因为客户在面对新的问题和挑战的时候，发现你的产品和服务不能帮他解决问题，而你的竞争对手比你更懂他的需求，更能帮到他。所以，眼睛不要总盯着对手，而是要聚焦于你的客户。

如何完成从内部产品思维向以客户为中心思维的转变？在组织内部倡导人、货、场的思维理念。人、货、场的理念不仅适用于个人客户（ToC），其实对企业客户（ToB）、政府客户（ToG）也同样适用。它强调以客户（用户、消费者统称为客户）为中心，人即客户——通过客户定位、洞察客户需求，将流量转化成营收；货即产品——设计、制造并交付产品到场；场即零售——通过线上或线下把产品销售、交付给客户。人、货、场总体架构如图 1-1 所示。

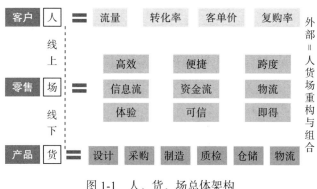

图 1-1　人、货、场总体架构

人、货、场的重构与组合，不是一个简单的顺序转变，而是企业经营理念与价值链的重构。它解决了企业最重要的三个问题：①客户需求，即这是不是客户需要的？②商业价值，即是否可以产生经济收益？③如何实现，即企业的核心资源是否能够支持实现企业应收？

## 二、人

人，即客户，是人货场的核心。企业最容易出现的问题是关心产品、关注同行，但忘记了最重要的客户。有的管理团队口口声声以客户为中心，但研发、供应链的负责人从不主动拜访客户，不去了解客户的不满与抱怨、不去征求客户的宝贵建议，而是闭门造车，自我感觉良好，结果搞出了一堆客户不要、不满意的产品，耗费大量资源，最后变成了企业的呆滞库存。

很多创始人学员和我聊他们的商业模式、做的产品，我都会让其先回答下面三个问题，我称之为人的关键三问。

一问：我们的客户到底是谁？这是客户定位问题。

二问：客户面临的哪些关键问题或真实需求，是我们可以解决的？这是价值定位问题。

三问：我们通过什么体系或流程，实现从流量到企业营收的转化？这是运营定位问题。

## （一）我们的客户到底是谁

首先，不可能全天下的人都是企业的客户。原因很简单：企业资源有限，客户不同，场景不同、需求不同、痛点不同、解决方案不同，很难同时满足所有客户的需求。对创业公司，还要防范大企业凭借资本优势的绞杀，所以只有找到对自己有价值的细分客户，才能深入客户场景，精准洞察客户需求，然后集中资源为客户创造价值，抢占细分客户心智，使客户认可你是第一或唯一。

以竞争激烈的手机行业为例，每个成功的手机品牌商都有自己的客户画像或目标人群：

请将华为、OPPO、vivo、苹果、传音、小米几个知名手机品牌的名称填入不同目标人群的括号中。

追求时尚且有购买力的年轻人（　　　）

追求时尚但目前还买不起太贵手机的年轻人（　　　）

高中女生（　　　）

爱美的女士（　　　）

企业商务人士（　　　）

非洲人民（　　　）

现在可以看一下参考答案（见表1-1），锁定目标人群后，才更容易精准找到客户的需求。

表 1-1　不同目标人群的需求定位

| 手机品牌 | 目标人群 | 客户需求 |
| --- | --- | --- |
| 苹果 | 追求时尚且有购买力的年轻人 | 酷、炫、时尚、身份彰显 |
| 小米 | 追求时尚但目前还买不起太贵手机的年轻人 | 极致性价比、跑分、关注技术指标 |

（续）

| 手机品牌 | 目标人群 | 客户需求 |
|---|---|---|
| OPPO 早期 | 高中女生 | 听音乐、学英语、自拍 |
| vivo | 爱美的女士 | 自拍、P 图、美颜、"柔光照亮你的美" |
| 华为 | 企业商务人士 | 拍 PPT、拍文件、会议、出差、商务联系 |
| 传音 | 非洲人民 | 深肤色人群拍照效果好、价格便宜 |

如果还想在手机品牌里创业，可以继续划分人群：老人用机、学生用机、户外群体用机……

## （二）客户面临的哪些关键问题或真实需求，是我们可以解决的

明确客户后，要对客户需求进行洞察。洞察客户需求，切不可想当然，要站在客户的立场去思考。这点其实非常困难。就像很多父母非常爱孩子，真的为孩子着想，但没有站在孩子的立场去思考和沟通，结果花了很多心血，但孩子并不领情，事与愿违。为了强调这点，7-11 创始人铃木敏文甚至说：不要为客户着想，而是要站在客户的立场上思考，给客户一个充分的购买理由。

一家时尚服装公司的老总告诉我，他不再参与为公司选品了，因为最近常看走眼：他看好的卖得不好，不看好的反而卖得很好。团队新上了一款女包，很小，也

就能装个口红，他不建议上，团队非要上。结果这款包不仅利润好，还卖到脱销。老板说：他看不懂了，包装不了东西为啥还能卖脱销？这位老总的问题是客户需求层次的问题。

客户的需求可以分为需要、想要与创造三个层级。需要层满足基本需求，是功能性的、物资类的、实用的、大众的。饿了要吃，渴了要喝是生存需求；怕上火，喝王老吉，是功能需求。想要层满足情感的、个性的、精神层级的需求，钻石满足情感，耐克代表体育精神，这些属于想要层级。时尚服装公司老总自己在需要层级，但客户是在想要层级，美就行，能不能装东西反而不重要。中老年人与年轻人的代沟，往往是需要层与想要层之间的分歧。中老年人经历过物资短缺，重需要，购买商品时会做理性判断：实用吗？健康吗？花这钱值吗？未经历过物资短缺的年轻人，重想要：购买时感性冲动，产品要时尚，颜值即正义、够酷才个性。紧缺时重需要，过剩时重想要，没有对错，但从供需关系的大趋势上看，未来想要层比重会超过需要层，年轻人更有商业价值。中老年人认为喝奶茶不健康，但年轻人想要，于是满街奶茶店。在需要层钻石就是碳原子，但在想要层，钻石象征着爱情，一颗永流传。服装企业李宁能重新崛起，实质是年青一代比中老年更自信，更认可民族品牌。除了需要、想要，还有一个创造层，指客户也不清楚自己的需求，要等企业创造出来。就像在汽车被发明出来之前，询问人们对于交通工具的改进意见，人们只会要"更好的马车"。苹果的乔布斯说，"我不相信调查报告"，乔布斯要改变世界，而非让现有手机功能变得更强，于是iPhone 打败了 Nokia。今天的苹果手机，没有了对改变世界的持续探索，而是走向了让手机功能变强，所以未来能打败苹果的，是另一种新形态的手机。

### （三）我们通过什么体系或流程，实现从流量到企业营收的转化

在做好客户定位、洞察客户需求后，要设计将流量转化成销售额的体系或流程。设计的过程中，需要明确以下几个要素：客户在哪里（流量）；有多少客户购买（转化率）；每个客户花了多少钱（客单价）；有多少客户再次购买（复购率）。即销售额 = 流量 × 转化率 × 客单价 × 复购率。企业不断寻找这个公式里存在转化损失的环节，并持续改进。对于线下门店的转化，汪志谦老师将其总

结为：一见就进，一进就买，一买再买，一传千里。并要洞察这些关键时刻，进行体验设计。

## 三、货

货分两种形态：在企业里设计与制造出来的货叫产品，产品的设计与制造是创造价值的过程；在流通领域流通的货叫商品，商品的流通是传递价值的过程。

两个部分合在一起，是货的完整流通链路。企业应绘制出产品的流通链路，思考在流通链路中哪里可以创新。

货的流通链路即 D 设计—S 采购（供应商）—M 制造（工厂）—B 总销（大商家）—b 分销（小商家）—C 零售（消费者）。

流通链路越长，信息越不对称，库存就会越高，所以对流通链路有个基本共识，就是尽可能"短路"。如红领服装、必要电商都在做的 C2M 模式（Customer-to-Manufacturer），是指 C（消费者）下的订单直接对接到 M（工厂），"短路"掉 B（大商家）与 b（小商家），实现中间成本的节省，让消费者以超低价拿到高品质的产品，并能有效降低企业库存。

产品的实现过程有 D 设计、S 采购（供应商）、M 制造（工厂）三个环节，这也是创造价值的过程。聚焦于产品或服务本身的设计与实现，技术、品质或成本是创造价值的核心评价指标；技术的领先性、品质的品牌化或卓越运营能力是企业创造价值的核心能力。创造价值与工匠精神往往紧密相连，日本、德国、美国的企业多数偏好创造价值。通过研发的持续投入实现产品的领先，创造的价值越稀缺、需求越旺盛，企业就越具有话语权，地位越高，利润就好。当下，中国企业要尽快提升自己的研发设计能力。在制造环节，有的中国工厂由于产能过剩，所以不要轻易新建工厂，具备管理供应商工厂的能力比自己实际拥有工厂更重要。企业要把自己的工厂视为供应商，把供应商视为工厂的延伸。

商品的流通环节是传递价值的过程，强调效率。衡量货的流通效率的指标叫定倍率。定倍率是商品的零售价除以商品的生产成本的值，举个例子：成本为 100 元的产品，卖 800 元，定倍率就是 8；一个在超市标价 6元／斤的李子，从果园购买 0.2 元／斤，定倍率是 30；服装行业的定倍率是 5 ～ 10；化妆品的定倍率是 20 ～ 50；保健品的定倍率是 80 ～ 100。跨境电商领域的定倍率最有意思，按汇率。人民币 20 元采购的商品，在亚马逊上直接标价 20 美元售卖，所以定倍率是 6 ～ 7。利润率最低的制造环节，会觉得品牌公司赚走了太多利润。其实即使这么高的定倍率，有很多企业仍有可能不赚钱。因为产品从工厂出来可能要经过多个分销环节，每个环节都要加价，还要支付仓储、运输、货损、退货、市场营销等费用。定倍率反映的是企业的创新力或效率。当竞争不充分时企业通过创新力提升来提高定倍率，增加利润；当竞争充分时应通过效率提升降低企业的定倍率从而获得更多的收入。比如小米通过直营，减少中间环节提高效率，降低定倍率，从而获得更多的流量与客户订单。定倍率最好企业自己去砍，优衣库、SHEIN、小米都主动砍了定倍率，从而迅速将企业做大。

## 四、场

场是连接着人与货，发生交易的场所，是实现消费者获取商品与价值转化的地方。场分线上与线下（O2O），信息流、资金流、物流在场上流动。

信息流：线上更高效，线下体验感更强。线上用数字化搭起一个桥梁，让人与货遇见的成本更低，在信息时代实现"人找货"。数字化时代实现"货找人"，通过大数据进行推送。而线下也具有不可替代性，具有更强的体验感，现在线上与线下开始数字融合。

资金流：线上便携，线下可信。资金流的线上化，是依托区块链、电子合同、支付宝、数字货币等数字化技术，实现无现金社会。线下由于面对面，可信度高。资金流的大趋势是数字化。

物流：线上具有跨度性，物流的重要指标是速度，所以京东物流是京东电商的核心竞争力之一，实现了线下的即得性。线下距离要近，所以社区的便利店、五金店都会有生意，因为近与便利。

线上和线下的信息流、资金流、物流之间的关系如表1-2所示。

表1-2　线上和线下的信息流、资金流、物流之间的关系

| 场 | 信息流 | 资金流 | 物流 |
|---|---|---|---|
| 线下 | 体验 | 可信 | 即得 |
| 线上 | 高效 | 便捷 | 跨度 |

## 五、人货场 B2B 模式案例

人货场的思维，除了适用于新零售，对 B2B（企业对企业）也适用吗？答案是同样适用。

厦门一家做消费类泵部件的企业，成立 3 年，销售额做到 8 亿元。下面是我与他们的总经理第一次见面时的对话及我当时的心理反应。

问：公司成立多长时间了？目前销售额多少？

总经理：成立 3 年，销售额做到 8 个亿。

（我的心理反应：利润率肯定低。）

问：利润率多高？

总经理：净利润率 30% 左右（一般的制造型企业利润率在 5% ～ 10%）。

（我的心理反应：应收账款应该不好。）

问：应收账款怎么样？

总经理：公司成立至今，只有一笔 3000 元的账没收回来。

（我的心理反应：要么吹牛，要么靠关系。）

问：你们的企业这么成功，靠什么做到的？

总经理：企业创业时定位好，一开始创业就明确目标客户：要做行业全球排名前五的客户，这些客户实力雄厚，关注品质，对价格不敏感，不会赖账。

问：这些行业全球排名前五的客户为什么会选择你们？

总经理：行业全球排名前五的公司注重质量，研发与质量人员在供应商选择上有较大话语权。公司创立后一年多时间，我们并没有销售，而是潜心做开发。我们把该行业全球排名前五的客户正在卖的产品全部买回来进行拆解，研究他们正在使用的泵部件有什么缺陷，针对这些缺陷进行设计改进，即 DFMEA（Design Failure Mode and Effects Analysis，设计失效模式及后果分析），再去申请专利。我们的销售人员要求都具有技术背景。当产品开发出来后，找到客户的研发人员，向客户展示他们原来的产品设计有哪些缺陷和风险，我们是如何改进的。客户的研发人员最担心产品设计缺陷，当有更好的解决方案时，会通知采购要做技术变更，更换供应商。由于有专利保护，所以产品净利润率在30%左右。

问：大客户都有审厂环节，而且很严格，你的企业怎么能通过客户审厂？

总经理：我们公司的核心竞争力在研发，制造能力是我们的短板，但制造能力不稀缺。我们的方法是找行业里最好的代工厂，这些代工厂原本就是给国际大厂代工的，体系完备且被各类客户多次审核过。客户要验厂，就带到代工厂的专门产线，基本都能通过。

问：要是竞争对手跟上，与你们打价格战，怎么办？

总经理：我们前期利润率很高，后期靠规模化优势不断降低成本。等到其他竞争对手都进入这个行业，利润太低，行业变成红海时，我们已经研发出新产品，进入新行业了。所以仍能保持 30% 以上的净利润率。

问：你们企业需要投资，有上市计划吗？

总经理：不缺钱，为什么要融资上市呢？

这家企业成功将人货场思维运用到企业的实际运营中，清楚自己的客户是谁，知道客户面临怎样的需求和问题，并且通过自己的产品设计最终帮助客户解决缺陷和问题，不仅满足了客户需求，而且去掉了生产以及经销商环节，直达客户。

## 第二节　从单部门作战向价值链协同作战转变

应对后工业时代与多变的外部环境，企业除了经营理念要从内部产品思维向外部人货场思维转变，还要在组织建设上从单部门作战向价值链协同作战转变。提到价值链，大家可能会先想到供应链。供应链是围绕核心企业，将所涉及的原材料供应商、制造商、分销商、零售商直到最终用户等上下游成员链接起来所形成的网链结构（见图 1-2）。

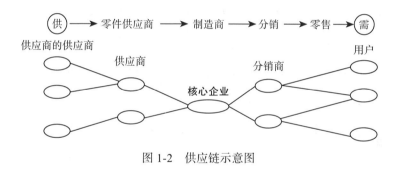

图 1-2　供应链示意图

著名学者马丁·克里斯托弗（Martin Christopher）曾说过：未来的竞争不是企业和企业之间的竞争，而是供应链之间的竞争。这句话不断被引用来强调供应链的作用。但我们应该思考一下：未来的竞争，真的只是供应链的竞争吗？供应链竞争优势，只是企业成功的一个必要条件，而非充分条件。我们来看两个知名企业的案例。

## 一、诺基亚手机供应链良好，但仍输了

诺基亚，手机行业曾经的王者，2007 年创下的两项纪录至今未被打破：全球市场占有率40%，全年出货量 4 亿台。2007 年诺基亚营收 510 亿欧元，利润 72 亿欧元。市场公认产品质量好、皮实耐用，手机甚至可以用来砸核桃，性价比较高。但之后 5 年诺基亚节节败退，2012 年陷入巨额亏损。事后有人总结失败原因，认为是诺基亚组织官僚导致。个人认为这属事后归因，以成败论英雄，我曾为诺基亚做过培训，其供应链运营良好，团队专业且有活力，管理层不仅不官僚，甚至还有很强的危机意识。培训教室墙上挂着一幅画——一艘海上巨轮燃着熊熊大火，就是在号召企业全员从上到下都要有危机意识。但诺基亚手机还是败了，诺基亚的 CEO 说："我们没有做错任何事，但不知何故，我们输了。"

如果分析诺基亚手机衰退的真正原因，与供应链管理无关，而是产品战场发生了变化，2007 年开始，消费者心智当中的手机品类被苹果重新定义：手机不再是通信产品，而是追求极致体验与时尚美感的智能终端，目标客户也升级为追求时尚且有购买力的年轻人，一夜之间，再没有人对手机能砸核桃的质量感兴趣了。在苹果

开创了新品类、改变用户心智模式后，其他手机企业纷纷效仿，利用价格低廉的芯片组、开源的安卓系统，将诺基亚十几年积累的技术优势瓦解，并快速分食了原来属于诺基亚的客户群体。这说明一点：诺基亚只是手机业务衰退，但在通信设备领域仍是强者。其实不仅仅是诺基亚，同时期柯达宣布破产。柯达也曾是卓越运营的典范，当年还是推行 6Sigma（六西格玛）的标杆。柯达是被数码相机淘汰出局的。有意思的是，世界第一台数码相机是柯达研发出来的，柯达发现数码相机将颠覆胶卷行业之后又将其雪藏起来。

诺基亚手机、柯达胶卷的失败，源于产品战场。我们也发现一些高科技企业，供应链管得一塌糊涂，简直就是败家子，库存高、交付差。但就因为产品领先，市场供不应求，客户排队等货，企业营收与利润都相当不错。后工业时代，产品是创造价值的根本，企业战争首先发生在产品战场。如果企业成功用 100 表示，产品就是那个 1。1 没有了，供应链的传递价值就失去了意义。

## 二、某白酒不好喝，卖得也挺好

酒类市场是个江湖，有针对高端宴请且具有金融属性的茅台，有针对老年人市场宣传保健功能的某药酒，有针对年轻人调性的某白酒，等等。我曾问过不少喝过某白酒的年轻人：这酒好喝吗？普遍回答：不好喝。不好喝为什么还喝？回答是：喝的不是酒，是情怀。从需求层次角度，客户不是需要，而是想要。想要拍下酒瓶的文案，发朋友圈。在人货场环节我们谈到，销售额 = 流量 × 转化率 × 客单价 × 复购率，能让客户发朋友圈，是推荐的过程，会形成流量与转化率。酒不好喝，影响的是复购率。

该白酒的成功，发生在营销战场。营销包括品牌营销、销售与服务三个部分。做个类比：在地上撒谷子吸引鸟来是营销，拿枪打鸟叫销售，鸟很享受谷子把同伴也叫来叫服务。该白酒的营销能力，不仅仅体现在文案，它的线下地推团队能在全国搭建销售渠道，将货铺到各大饭店，这种能力也是不太容易复制的。也就是说该白酒未来如果不做白酒，去做其他产品，利用现有销售渠道，也会有不俗的业绩。如果企业成功用 100 表示，营销就是 1 后面的第一个 0。营销可以将产品力放大 10 倍。说明一点，本书后面章节涉及营销一词，所述内容包含品牌营销、销售与服务职能。当使用销售一词时，特指满足客户需求、敲定订单的销售职能。

## 三、价值链不协同，供应链成问题的爆发地

### （一）企业问题在供应链环节集中爆发

一家企业围绕客户，研发设计出产品，营销卖出去，供应链负责采购原材料，生产部生产出最终产品，然后通过物流将产品交付给客户。这就构成了企业的价值链。研发创造价值，营销与供应链传递价值。每家企业研发、营销、供应链的组合方式不同，就形成了不同的价值链竞争优势。

供应链管理的目标，是客户要，企业就有，并且库存最合理。做好供应链，将计划、采购、生产、仓储、物流、质量做集成，对于提高交付、降低库存、提高质量、降低成本很有帮助。如果企业成功用 100 表示，供应链是最后面那个 0。但如果企业交付、库存、质量、成本表现不好，是不是就代表供应链不好呢？不一定。因为供应链是企业各种管理问题的集中爆发地，是著名的背锅侠，是很少被认可，但一出问题就立即会被发现并问责的职能部门。所以企业招聘供应链人员，除了专业要求外，都要加一句：能接受挑战，承受较大的工作压

力。问题在供应链环节爆发，但问题不一定是供应链部门造成的。下面举几个作者亲身经历的顾问企业案例。

A 企业：市场部针对"双 11"策划了一个很大的市场活动，但事前未通知供应链部门。等供应链部门得知时，已时间紧迫，并且行业都在抢供应商资源。于是供应链部门用尽办法向供应商抢产能，好不容易订好货，供应商加班加点把产品做出来了，市场部通知：这个活动平台没通过，取消。这时供应商已经将货生产出来，让企业拉走，企业无法卖掉，要供应链部门去和供应商协商，最后可能就是法律纠纷、关系破裂。这种事情经历过几次，供应链就会元气大伤，没有战略供应商可用了。请问这是供应链的问题吗？这是营销与供应链协同的问题。

B 企业：研发新设计了一款产品，预计会大卖。供应链开始备货、生产、出货。当产品上市后发现设计有缺陷，大批产品要召回，退回的产品占用库房与资金，一直没有处理方案。请问这是供应链部门的问题吗？这是研发技术的产品质量策划问题对供应链的影响。

C 企业：供应商交付不准时，配合意愿低，主要原因是企业大面积拖欠供应商货款。为什么不准时付款呢？

因为公司财务没钱。为什么财务没钱呢？因为销售没有把货款收回来。为什么销售不及时收货款呢？因为企业在考核销售应收款上没动真格。

D企业：BOM（物料清单）编码繁多，纸箱就有上千种，供应商不爱做，自己备货困难，物料成本、库存都很高。分析原因，发现企业产品SKU有几千个，但这么多SKU中给客户带来价值、给企业带来销量的只有10%左右。

E企业：采购降本活动年年推行，供应商已在悬崖边。大家都知道成本由研发决定，要推物料通用化、规格合理化，需要研发部门的配合，但研发总说"客户要求的""会影响质量""会影响安全""就是改不了"。

以上这些案例都是真实发生的。其实在企业里远不止跨部门合作的问题，因为供应链是端到端的系统、是产品交付的全流程，是企业物流、信息流、资金流的大动脉，企业的研发、销售问题爆发在供应链环节，症状表现在供应链，但供应链只是帮研发、销售背了锅。研发设计有缺陷，产品被召回，物料编码多、规格不合理，成本居高不下；销售紧急需求、插单、取消订单、虚报数量、谎报客户需求时间，造成供应链绩效很差，准时交货率低、交期长、成本高、库存高。这些其他部门引发的"病"，却在供应链端表现出来，而企业又只针对供应链部门看病给药，典型的"头疼医头，脚疼医脚"，无法药到病除，解决根本问题。

### （二）供应链站到台前，推动价值链体系建设

VUCA 时代，企业价值链中研发、营销、供应链之间的不协同，已变成企业展翅高飞的阻碍。

营销与供应链不协同：供应链怨销售预测不准，销售怨供应链交付不及时，两边无法协同，易造成企业交付低、库存高、现金流紧张。

营销与研发不协同：企业 SKU 就会多而杂，产品整体缺乏竞争优势。

研发与供应链不协同：产品成本就会没有优势，质量问题频发，易招致客户投诉。

要解决这些问题，就要解决价值链职能间各自为政、推诿扯皮、互相内耗的问题。如果一场足球比赛中，其中一方的 11 名球员都想自己进球或只管自己不犯错而无人关心团队得分，则比赛胜负已经注定。价值链各职能要高效协同，要有全局意识、产生整体成果，企业要从

单部门作战向价值链协同作战转变，为客户创造价值，为企业创造优势，实现倍速增长。

这种转变靠哪个职能来推动更合适？最合适的推动者应该是供应链部门。因为问题在供应链环节爆发，供应链作为现场人员最了解这些问题，掌握的数据也最客观直接，而且有意愿与动力去推动。这些问题不解决，供应链人最痛苦。供应链的这些问题必须跃迁到价值链层级才能得到根本解决。所以供应链部门应躬身入局，站到前台、推动变革，尤其是推动研发、营销职能，建立协同体系。

于是，供应链发起了推动价值链跨职能协作的项目：

针对 A 企业，供应链推动销售，建立销售与供应链大计划协同体系，包括推行产销协同、S&OP（销售与运营协作计划）。

针对 B 企业，供应链推动研发，开展产品质量先期策划（APQP）项目。

针对 C 企业，供应链推动销售、财务成立应收 – 应付款一体化项目，要销售不仅要把东西卖出去，还要把钱收回来。

针对 D 企业，供应链发起研发、销售、财务共同参与的 SKU 优化活动。

针对 E 企业，供应链推动研发使用目标成本法，让研发承担一定的降本指标，然后帮助研发完成技术降本任务。

企业推行项目，都要实现三个产出：一是绩效和结果的提升，二是团队的成长，三是方法的沉淀。

通过上述项目，我们沉淀了一套方法论，即**供应链推动价值链体系建设的方法论**！以下是这一方法论的要点内容。

找到价值链的协同点，对外以客户为中心，通过价值曲线找到价值主张。对内设立更高目标，如成为细分行业第一或实现 3 年 10 倍的增长，建立研发、营销与供应链协同体系，并通过数字化改造价值链系统（参见第二章）。

供应链与销售协同：建立有效产出评价体系与产销模型，推动价值流动（参见第四章）。

销售与研发协同：优化 SKU 的方法论（参见第五章）。

供应链与研发协同：有效研发的规则与目标成本法（参见第六章）。

价值链落地：OGSM 从规划到执行（参见第七章）。

与其抱怨身处黑暗，不如提灯前行。

　　未来企业之间的竞争，不是供应链的竞争，而是价值链竞争。供应链要成为价值链管理的推动者。

## 学以致用

**◼ 【学】**

请用自己的语言描述本章的要点：

---

---

---

---

**◼ 【思】**

描述自己企业的相关经验与本章对自己的启发：

---

---

---

---

## 【用】

准备如何应用？希望看到的成果是什么？

------

------

------

------

会遇到哪些障碍？

------

------

------

------

解决障碍有哪些方法、措施、资源？

------

------

------

------

行动计划：

------

------

------

------

# 什么是价值链管理

企业运营的过程中，并不是每个环节都创造价值，实际上只有某些特定的关键活动才能真正产生价值。所以，企业的价值链管理就是要识别出这些关键活动，并对其进行组合创新。

价值链是企业商业模式的支撑。没有价值链支撑的商业模式，就是水中月、镜中花，看着很美，结果终归是场空，甚至可能沦为骗局。所以企业家要少讲商业模式，多谈价值链。

企业价值链管理最突出的问题，不在于每个职能是否优秀，而在于价值链上的各个价值点是否能高效协同，是否能真正为利益相关方创造价值。每一次关键的价值链的组合创新与高效协同，都是企业业绩的转折点。

# 第一节　什么是价值链

## 一、旧价值链定义

价值链（value chain）一词，最早由管理学大师迈克尔·波特（Michael E.Porter）于 1985 年提出。迈克尔·波特从竞争优势角度，提出企业的价值创造是通过一系列活动构成的。这些活动可分为基本活动和支持性活动两类，基本活动包括进货物流、运营生产、发货物流、市场和销售、服务等；而支持性活动则包括采购、技术开发、人力资源管理和企业基础管理等。这些互不相同但又相互关联的生产经营活动，构成的一个创造价值的动态过程即价值链。价值链的逻辑结构如图 2-1 所示。

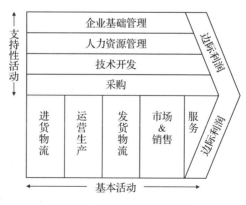

图 2-1　价值链的逻辑结构

迈克尔·波特提出价值链理论时，是在物资相对匮乏、生产导向、供不应求的年代，采购管理、技术开发对企业的重要性还未得到充分重视，被当作支持性活动；数字化、供应链等概念尚未出现。现在与当时相比，企业外部环境发生了翻天覆地的变化：产能过剩，需求多变，企业的重心从以生产为中心转到了以客户为中心，以数字化为代表的新技术正在重构企业创造价值的环节。管理学理论都是特定的时代背景与供需关系的产物，我们不应苛求当时的价值链理论能指引当下的企业经营。我们要结合后工业时代的特点，让价值链管理成为企业竞争的利器与客户满意、社会丰盛的源泉，所以我们要与时俱进，对价值链赋予新的内涵并发展出适合新时代的管理体系。

## 二、新价值链定义

价值链的新定义：价值链是主体为利益相关方创造价值，获得竞争优势的关键活动组合创新与高效协同的动态组织形态。与旧价值链的定义相比，有几个关键词的变化：**主体**，过去是单体企业，现在则不局限于企业，企业与企业之间的价值组合、组织内的项目小组、阿米巴小组、创客都可能是价值链管理的主体；**利益相关方**，过去是客户，现在拓展到了供应伙伴、员工、社区、国家、甚至全人类；**价值**，经济学认为价值是凝结在商品中的无差别的人类劳动，价格围绕价值在波动，管理学则认为价值是指客体能够满足主体需要的效益关系，过去是帮助客户解决问题与实用需求（即需要层级），现在还要满足用户精神需求（即想要层级），未来要开创为不同利益相关方做出贡献。这几年越来越多有识之士关心社会责任、促进绿色供应链发展，致力于慈善救助、应对灾难、挽救地球，给子孙后代留下青山绿水与和平昌明，这是我们当代企业的一份功德，更是一份可持续发展的社会价值。

价值链是企业商业模式的支撑。价值链定义中的几个关键词是：价值、竞争优势、关键活动、组合、创新。团队可使用价值曲线这一工具让价值链显性化，绘制价值曲线的过程也是团队达成共识的过程。

### 三、用价值曲线确定价值主张

价值曲线是洞察客户需求，了解行业竞争对手及自身状况，清楚彼此差距的实用工具。通过这一工具，可以更好地设计新的价值要素组合，确定价值主张，规划具有竞争优势的价值策略。价值曲线由两个坐标构成，横轴是客户需求的要素，纵轴是各要素行业竞争对手分数及本企业分数。可通过下面的步骤，绘出企业价值曲线。

第一步，洞察客户需求要素，绘出横轴。客户需求要素是从客户角度描述一个行业的价值是如何创造出来的。这要深刻地洞察客户、理解客户，找到客户的价值主张。可通过"行业惯例＋竞争对手＋新洞察"，解析出客户需求要素。比如航空业的客户需求要素，通过行业惯例与竞争对手洞察到客户关心以下要素：票价、速度、服务水平、空乘人员、餐饮、候机室、多种座舱等级、中转枢纽等，但新加坡航空却发现空姐的微笑服务也是客户需求之一。再比如手机领域，手机耐用是"行业惯例＋竞争对手"洞察的客户需求要素，但苹果发现用 iPhone 的人更需要身份认同。于是 iPhone 在设计时没有把苹果的 Logo 放在手机背面正中间，而是在偏高的位置。这样用户打电话时，Logo 不会被手遮挡住，旁边的人可以清楚看到，满足了用户的身份认同需求。

第二步，绘制价值曲线现状图：在纵轴上，给竞争对手的各要素打分，连接分值点成曲线；再给自己现状打分，连接分值点成曲线。对比曲线，直观显示在不同客户需求要素上的相对强弱，明确自身与竞争对手的现状和差异。

第三步，找到新价值曲线，绘制价值曲线未来图。绘制新价值曲线时我们可以突破之前的客户需求要素、洞察新客户需求要素并打造新的价值要素组合。方法是在现状曲线上进行减少、增加、合并或创新。新成立企业应牢记规则：与其更好，不如不同，找到客户甚至是行业普遍抱怨，但被竞争对手忽略或竞争对手无法做好的要素，将企业资源集中到这些关键要素上。

第四步，全价值链贯彻实施新价值曲线，不断向客户传递价值，实现可持续的竞争优势。

第五步，从头再来，持续创新或改善。

## 四、汉庭酒店两次应用价值曲线

### （一）第一次应用价值曲线

2005 年，汉庭酒店创立。当时酒店行业的竞争格局分两大类：一类是星级酒店，有豪华大堂、大型会议室、KTV、餐厅，但价格昂贵；另一类是招待所，虽然价格便宜，但是条件落后、脏乱差。汉庭酒店洞察行业现状，找到酒店行业的客户需求要素有：价格、安静程度、卫生状况、床铺质量、室内装修、房间大小、服务质量、建筑美感、餐饮设施、休闲娱乐、大堂空间等要素。汉庭酒店绘制了竞争对手的价值曲线，从客户需求出发，剔除了奢华不实的配置，如KTV、冰箱、浴缸等，降低了餐饮设施、休闲娱乐、大堂空间的配置，提升了安静程度、卫生状况与床铺质量，向客户传递"洗好澡、睡好觉、上好网、价格亲民"的价值主张（见图2-2）。应用价值曲线确定价值主张，让汉庭开创了经济型酒店蓝海，实现了快速增长，助力母公司华住集团成功上市。

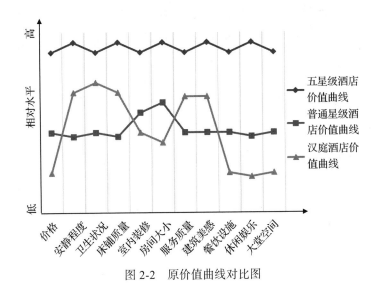

图 2-2　原价值曲线对比图

### （二）第二次应用价值曲线

汉庭的快速增长也引来大量模仿者，各大经济型酒店品牌如雨后春笋般出现。2015～2016年，经济型酒店已成为红海，汉庭面临入住率下降、价格竞争激烈等突出问题，陷入了增长困境。汉庭决定再次应用价值曲线，寻找新的蓝海。

通过走访全国各大城市的经济型酒店，对消费者进行访谈，发现相比于"睡眠、安静"，"干净卫生"成为消费者入住酒店最大的痛点：

不知道酒店的马桶、水杯是否消过毒？

不敢使用酒店的毛巾，甚至还会自带床单！

五星级酒店都爆出清洁门事件，清洁员用同一毛巾擦拭杯子与马桶……

通过对客户需求的新洞察与竞争对手状况分析，汉庭决定在行业与客户的突出痛点——卫生状况上加强，通过压倒性的资源投入，将干净做到极致，甚至比五星级酒店还干净，形成新的蓝海。至于增加的成本，则通过适当提价弥补。就像西贝的贾国龙先生说的："你只管把东西做好，钱不够，找客户要！"于是产生了新的价值曲线（见图2-3）。

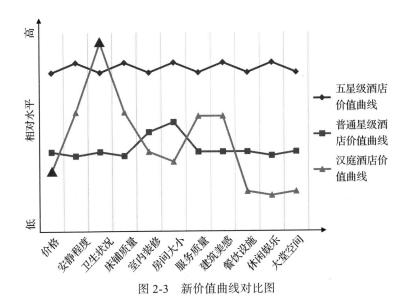

图 2-3 新价值曲线对比图

## （三）新价值曲线的行动策略

在干净卫生这个要素上，汉庭集中所有资源，将这个关键要素做到行业极致，形成竞争力。

每一条床单／毛巾：都经过 5 道专业洗涤工序，高温 165℃熨烫。

每一个水杯：都经过 15 分钟臭氧＋紫外线双重消毒。

每一只水壶：都使用 100℃沸水高温消毒。

每一个马桶：都使用美国专业消毒剂消毒，24 小时全方位有效除菌。

关注细节，看不见的地方也能让客人干净放心，电话机和遥控器也要用酒精棉球消毒。

将保洁员定位为关键人员，将保洁员提升为"匠人"清洁师，加大培训力度与职业尊严，还两次邀请日本"国宝级匠人"新津春子进行指导与检查，所有的企业宣传集中在一句话上："爱干净，住汉庭"，使其占领客户的心智模式。

### （四）成就与注意事项

通过客户洞察，找到行业痛点并加以解决，再向客户传递价值，使汉庭实现二次高速增长。2017 年，汉庭 RevPAR（平均每间可供租出客房收入，是衡量酒店经营水平的重要指标）增长是最佳竞品的同店 RevPAR 的 2 倍，全年客房入住率上升 10%，达到 93.5%。干净卫生的环境为汉庭赢得了好口碑，它让消费者选汉庭有了一个明确的理由。

汉庭应用价值曲线实现二次高速增长的案例告诉我们，企业并不是每个环节都创造价值，只有某些特定的价值活动才能真正创造价值，这些创造价值的活动，就是价值链上的"关键活动"。在关键活动上，要坚持能力的长期建设，做正确而难的事情，一直做到企业可以打开大门让竞争对手参观学习。

应用价值曲线，要注意以下几点：

- 不要为了创新而创新，能给用户带来价值的创新才有意义。
- 与其更好，不如不同。
- 在关键活动上发力，培养可持续竞争的能力。
- 市场在变，竞争也在变，所以价值曲线也要不断更新。

## 第二节　产业链与产业价值链

价值链是主体为利益相关方创造价值，获得竞争优势的关键活动组合创新与高效协同的动态组织形态。结构上它又可分为外部产业价值链管理与内部企业价值链管理。产业价值链是企业所选择的行业赛道与角色。付出同样的努力，赛道不同，回报就不同。企业价值链则是赛道上的参赛选手，是企业创造价值，获得竞争优势的关键活动的组合创新与高效协同的组织能力。产业价值链是企业价值链的生态系统，而产业链又是产业价值链的生态系统。企业价值链做大有可能形成产业价值链，产业价值链做大有可能形成国家或地区的产业链。这三者之间的关系如图 2-4 所示。

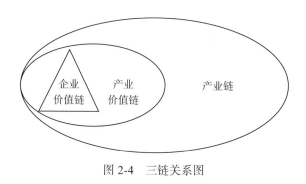

图 2-4　三链关系图

## 一、产业链

产业链是产业价值链的生态系统，是国家或地区的综合竞争力。

产业链是由有供需关系的行业组成的有逻辑关系的供需链生态。比如汽车产业链，由发动机、轮胎、车窗、座椅、线束等若干行业组成，这些行业的上游是金属加工业，金属加工业的上游有采选业。这些行业所形成的逻辑关系和空间布局构成了汽车产业链。产业链是一个生态系统，生态好，在该生态系统创业就具有优势，更容易得到发展。举个例子，为什么中国的跨境电商能蓬勃发展，甚至有一些并不太专业的跨境电商企业都能赚到钱？不一定是其能力有多强，而是因为中国是制造大国，有最齐全、最完备的产业链，可以快速生产物美价廉的产品；而销售端又有亚马逊这样的平台，提供客流、信息流与物流等配套资源。再比如新能源汽车的代表特斯拉，在美国由于缺乏配套产业链资源，产品上市困难重重，一度陷入困境。被引入中国后，由于中国有成熟的汽车、电池等配套产业链资源，特斯拉快速投产，获得高速发展。当然，特斯拉也反向促进了中国新能源汽车产业链的发展，2021年底，特斯拉上海工厂国产化率已达90%。国产化的零部件包括动力总成系统、电驱系统、充电系统、底盘及车身等。随着新能源产业链的进一步成熟，越来越多的中国新能源汽车品牌被孵化出来。这是一个多赢的结果。对国家而言，最有价值的是新能源汽车产业链生态系统的形成，在这个行业领域成功实现弯道超车。

　　对国家或地区而言，产业链上下游分工不同，稀缺性不同，利润率不同。国家或地区不会希望自己的企业一直处于产业链低端，赚辛苦钱，都希望通过产业升级，能够控制产业链核心价值环节，提升自己对产业链的掌控力。近年来由于地缘冲突加大、全球化合作受阻，个别国家利用不断提升的产业链优势，对我国实施制裁或对紧缺技术及物资进行封锁。如果产业链不安全可控，核心技术不掌握在自己手中，不仅利润要交出去，还要被"卡脖子"。鉴于此，我国在"十四五"规划中指出：提升产业链供应链现代化水平……坚持自主可控、安全高效，推进产业基础高级化、产业链现代化……形成具有更强创新力、更高附加值、更安全可靠的产业链供应链。我国应对地缘冲突有两大重要举措：一是推动"一带一路"，建立区域产业链新规则，保障我国资源能源安全和产业安全；一是加快形成以国内大循环为主体、国内国际双循环相互促进的新发展格局。

## 二、产业价值链

产业价值链是产业的细分行业，是企业的赛道与生态系统。

有的企业很短时间营收可以达到十亿、百亿；有的企业辛苦十几年，可能还只是营收几千万。有的企业昙花一现，有的企业却可以基业长青，区别在哪里？在于企业选择了哪条赛道，即选择了哪种产业价值链。产业价值链是产业的细分行业，是企业选择的具体赛道。赛道决定了企业的可成长性，决定了企业能做多大，能做多长时间，能获得多高的利润率。

　　首先，要选对赛道。选择产业价值链的主要依据是外部看供需关系，内部看自身优势。看供需关系是取势，即看客户与客户需求的趋势变化。当行业需求迅猛增长时，就是小米的雷军说的："站在风口上，猪都能飞起来。"雷军的投资公司叫顺为，就是要找迅猛增长的赛道，顺势而为，不逆势而行。找风口而不是坚守一个赛道，与小米自身的商业优势有关。华为选择进入 ICT( 信息与通信技术 ) 赛道：在需求端，国家正在加大对信息安全的投入，万物互联要求通信技术不断升级换代，国际市场也有强劲需求，是大赛道；在供应端，进入门槛高，适合长跑。死磕信息与通信技术赛道，与华为的技术优势与组织优势有关。试想一下，如果华为当初选择做包装行业也有可能成功，但无论多么努力，也难有今天的市值与规模。好的赛道得 30 分，可能比差的赛道得 100 分的回报还高，从这个意义上来说，对于产业价值链，选择比努力更重要。

　　其次，要选对产业价值链角色，即在产业价值链里的分工。这需要分析产业价值链里有哪些角色，这些角色的价值贡献、利润水平、发展趋势、战略控制点是什么。以信息与通信技术为例，产业价值链的主要角色有：芯片商、设备商、运营商、手机品牌方、手机制造商、渠道商、用户等。图 2-5 是简化示意图，现实的角色要比示意图复杂得多，比如手机贴膜也是产业价值链的一个角色。每种角色进入门槛不同，利润率不同。利润率总体由这条链上的供需关系决定，提供的产品或服务越稀缺，在产业价值链中的地位就越高，利润率就越高。

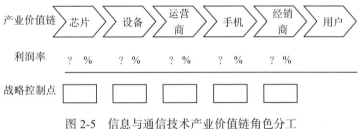

图 2-5　信息与通信技术产业价值链角色分工

芯片：进入技术与资金门槛最高，利润最高，属瓶颈类物资，高通选择的就是这个赛道。

设备：进入技术与资金门槛高，利润高，华为与诺基亚选择的该赛道。

运营商：政策垄断型竞争，受微信等影响，利润有下滑趋势。中国移动、中国联通、中国电信等主要在该赛道竞争。

手机或消费类电子产品：进入门槛低，供应链成熟，苹果、华为、小米选择的赛道。该赛道利润分化，几大品牌商几乎拿走了行业的全部利润，其他品牌几乎都在亏损。还有非常多的外行企业发现手机是用户场景的入口，于是纷纷加入：造汽车的、造空调的、做 PC 的，做软件的、当艺人的、讲相声的，都曾来过。

渠道商（经销商）：线上流量越来越贵；线下开店门槛低，但受房租等各种因素影响。这是京东、营业厅的选择。

手机贴膜：进入门槛最低，投入成本低，收入不稳定，不容易做大。

对产业价值链角色的分析，要详细到各角色的价值贡献、利润水平、发展趋势、战略控制点，再结合自身优势，选择角色。比如华为现在选了通信设备、手机或消费类电子产品两大角色。

再次，通过产业价值链，做预判与预案。VUCA 时代，每个不确定性事件，如战争、罢工、地震、疫情一旦发生，就要求企业快速基于产业价值链预判该事件对自己的影响是什么，可能的预案是什么，要快速决策，抢到先机。通过对产业价值链进行分析，对整个产业链上游、下游不断延伸，寻找到新的降本机会。

最后，做深、做透产业价值链，掌握战略控制点。企业基于对产业价值链的分析，决定是否向战略控制点、高利润区、高价值环节延伸。比如新能源电池企业，通过产业价值链分析，纷纷往上游走去争抢收购锂矿等矿产。有家学员企业是做柠檬茶加盟连锁的，在创业初期分析整个产业价值链，结合发展趋势，判断后期会有很多同行跟风上柠檬茶品类。产业链哪个环节会成为关键环节？关键环节里的战略控制点是什么？最后发现优质的柠檬种植是关键环节，而柠檬原产地具有地域稀缺性，谁控制了柠檬原产地谁才具有产业价值链优势，于是这家企业在创业初期就与柠檬最好的产区——广西某地政府签约柠檬种植基地，在保证产品品质的同时获得了最低的成本、可靠的供应链。

## 三、个人职业

对个人而言，选择产业价值链就是选择进入哪个行业。行业决定了从业者的整体状况。门槛越低、从业人员越多的行业，利润水平越差。现在处于社会巨变期，不断有新兴行业被孕育，这些新兴行业与传统行业相比，因为还没有形成圈层固化，从业人员都是新人，会有更多机遇。如果第一次没有选好，还可以找机会跃迁到新行业。千万别说什么哪个行业都得有人干。你要对自己的人生负责，你可以做更大的贡献，过更好的生活。我最早在制造业，跃迁到培训咨询行业，成为一名供应链培训师与顾问，这是我人生最重要的职业跃迁：社会有需求，上升无天花板，越老越值钱。更重要的是，我擅长供应链管理，我爱分享，跃迁实现了我的人生价值。在选择行业或职业时，尽量不要去听那些已经停止学习的前辈的具体建议。他们不再学习，手里拿着旧地图，喜欢一成不变的生活状态。但现在处于 VUCA 时代，就是在不断打破稳定，过去很多传统而稳定的工作恰恰最容易被数字化替代。追求不稳定，才能得到真正意义上的稳定。

## 第三节 企业价值链管理

对企业而言，选好产业价值链是"好风凭借力"，做好企业价值链则是"扬帆正当时"。

## 一、价值链三军

　　企业价值链是企业内部为利益相关方，尤其是客户创造价值，获得竞争优势的关键活动的组合创新与高效协同的动态组织形态。那么哪些是为利益相关方创造价值，获得竞争优势的关键活动呢？除了用价值曲线确定价值主张，可以把创造价值、传递价值的过程归纳为设计或选择产品（服务）、将产品（服务）卖出去、将产品（服务）交付三个过程，分别对应企业的三大职能：产品、营销、供应链。用现代战争来做比喻：设计或选择产品（服务）是产品研发职能，是"空军"部队从高空打击；将产品（服务）卖给客户是营销职能，是"海军"部队开创品牌蓝海；将产品（服务）交付给客户对应供应链职能，是"陆军"部队真刀真枪的交锋，要求快、好、省地交付。现代战争不是单兵种作战，而是空军、海军、陆军三军协同作战。产品、营销与供应链作为价值链的三军，背后是组织的三种能力的组合创新与高效协同，即三力：产品力、营销力、供应链力。

## 二、价值链三力

　　产品力：围绕客户做价值创造，解决给客户提供什么产品（服务）的问题。产品力属研发职能，针对客户的痛点与需求，通过差异化或性价比优势，实现对竞品的降维打击。产品力不强的企业的典型症状是SKU多，物料标准化程度低，经常出质量问题，成本没有优势。产品力的典型代表企业是乔布斯年代的苹果。

营销力：围绕客户，解决让客户购买的问题。营销力包括品牌营销、销售与服务三个部分。营销力核心是品牌建设。洞察客户需求，通过价值定位，让客户形成对自己品牌的心智模式认知。营销要能清晰回答三个问题：你是什么？有何不同？何以见得？品牌三问是品牌与顾客最重要的沟通，是顾客了解品牌最高效的方式。通过准确的品牌定位、合适的渠道销售、客户难以拒绝的方案，完成客户的购买。营销力的典型代表企业是小米。

供应链力：围绕客户做价值传递，即整合供应链上下游资源，好、快、省地实现交付，让客户满意、企业赢利。供应链总体目标是：客户要，企业就有，同时库存最合理。供应链是一个端到端持续改进的运营体系。供应链力在三力之中最需要长期培养，属隐形竞争力。供应链力不强的企业的典型症状是：供应链部门天天救火，交付差、库存高，质量差、成本高。供应链力的典型代表企业是丰田。

　　企业价值链管理最突出的问题，不在于每个职能是否优秀，而在于价值链三军协作：很多企业 SKU 太多，新产品客户不愿意要，这往往是产品与营销的协作问题；产品质量问题频发，成本很高，这往往是研发与供应链的协作问题；客户要的没有，客户不要的库存一堆，这往往是营销与供应链的协同问题。也就是说，围绕客户，产品与营销要协同解决客户要的问题；研发与供应链要协同解决质量与成本的问题；营销与供应链要协同解决客户要就有，同时库存最合理的问题，如图 2-6 所示。

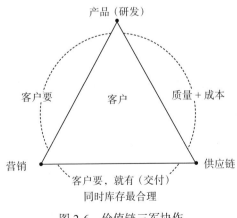

图 2-6　价值链三军协作

## 三、价值链诊断与优化

### （一）价值链三力现状诊断表

如何对企业价值链现状进行诊断与评估？如果企业开展多项业务，放在一起做整体评估不会对业务的改进有太大的帮助，所以要划分不同的产品品类，分别评估。对每个产品品类的客户定位、SKU 数量、年销售额、利润状况进行统计，然后要求管理团队对该品类的价值链三力（产品力、营销力、供应链力）打分。打分前要先分别讨论，对于产品力、营销力、供应链力，目前哪些工作是有效的，哪些工作是无效的，标杆或行业内外有哪些可借鉴的做法，客户最想要的是什么，客户对行业最不满意的是什么。每力满分 10 分，请团队成员对三力分别进行打分，有异议时可让成员提供该分数的证据，然后取平均数。这样以品类类别作为颗粒度，就建立了价值链三力现状诊断表（见表 2-1）。

### （二）优化工具：价值决策矩阵

#### 1. 价值决策矩阵：加减乘除

诊断后可以使用价值决策矩阵对价值链进行优化。价值决策矩阵，是通过识别价值链中哪些活动有价值、哪些无价值，哪些投入资源多、哪些投入资源少，从而做出多做、创新做，坚持做，少做，停止做的决策。

表 2-1　价值链三力现状诊断表

| 产品类别 | 客户定位 | SKU数量 | 年销售额 | 利润 | 价值链三力打分（10分制） | | | 哪些工作是有效的 | 哪些工作是无效的 | 标杆或行业内外有哪些可借鉴的做法 | 客户最想要的是什么 | 客户对行业最不满意的是什么 |
| --- | --- | --- | --- | --- | --- | --- | --- | --- | --- | --- | --- | --- |
| | | | | | 产品力 | 营销力 | 供应链力 | | | | | |
| | | | | | | | | | | | | |
| | | | | | | | | | | | | |
| | | | | | | | | | | | | |

　　我们先看个人如何使用价值决策矩阵。个人使用价值决策矩阵，分两个维度：纵轴是价值维度即成果，横轴是时间维度即投入，价值维度是价值高、价值低，时间维度是时间多、时间少。这样就有了四个象限。把一天、一周或一月做过的事情进行统计，然后把各事项分别填入价值决策矩阵的四个象限中，最后决定是否要停止做（除法），少做（减法），坚持做（加法），多做、创新做（乘法）（见图 2-7）。

- 哪些事情时间多，价值低？要做除法，停止做。
- 哪些事情时间少，价值低？要做减法，少做。
- 哪些事情时间多，价值高？要做加法，坚持做。
- 哪些事情时间少，价值高？要做乘法，多做、创新做。

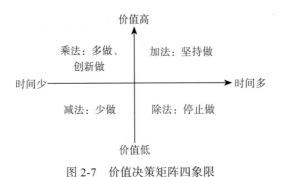

图 2-7　价值决策矩阵四象限

### 2. 个人应用价值决策矩阵

其中"哪些事情时间多，价值低？要做除法，停止做"往往对个人提升帮助最大。以笔者为例：

我喝了很多年的酒，也爱喝酒、酒量还行，身边有一群酒友，北京的酒友还成立了一斤俱乐部（就是每次聚会，每人至少喝一斤白酒）。其实醉过酒的人都知道酒后第二天的难受痛苦。我曾尝试戒了几次，被朋友一劝就作罢了。2003 年，我出差到北京 6 天，白天讲课，晚上和酒友们喝酒，6 天喝了 7 斤高度白酒。第 7 天从北京飞长沙，在飞机上看博恩·崔西写的《高效人生的 12 个关键点》[⊖]，受启发做出了这个模型。将自己过去一周做过的事情汇总，填入四个象限。发现花的时间最多，价值最低的，就是喝酒。这件事花费了我宝贵的时间、金钱，价值极低，还损害健康。在四象限中，喝酒事项落到了除法区，要停止。于是我在航班上做了决定：戒酒。一直到今天，我滴酒不沾。戒酒是我人生做的最有价值的决策。戒酒后，没有想象中的社交损失，朋友圈层做了升级，质量更高，是非更少；多出了整段时间去学习、

---

⊖　此书中文版已由机械工业出版社出版。

去钻研专业，实现了个人的倍速增长。

有些决策，当时想得很清晰，过了一段时间又可能会陷入困惑。为了不让自己重蹈覆辙，在使用价值决策矩阵时，我还整理了一份不做清单，写在日记本上，时时提醒自己。

我的"不做"清单：

- 不喝酒。
- 不参加协会、商会活动，不与同行打交道。
- 不做政府关系，不拿政府补贴。
- 减少 90% 没必要的社交。
- 不看电视。
- 不看今日头条与抖音。
- 定期清理负能量的朋友。
- 不与多人合伙做生意。
- 不炒股。

### 3. 企业应用价值决策矩阵

企业应用价值决策矩阵，纵轴是价值维度即成果，横轴是成本资源维度即投入，价值维度是高价值、低价值，成本维度是成本多、成本少。注意：成本不仅仅是钱，还包括时间、资源、跨部门沟通、机会成本。这样就有了四个象限。对价值链的客户、产品、营销、供应链分别进行拷问。

（1）应该停止做什么？

哪些客户耗费了企业大量资源，现在及未来都不会有利润回报，应该放弃？

哪些产品线或 SKU 没有竞争优势，占用企业资源，但不会给客户带来价值，应该砍掉？

哪些营销或渠道一直在投入，但回报很低，未来也很难有起色，应该停止？

哪些供应链做法是无效的？哪些工厂或仓库应该关掉？哪些供应商可以去掉？

哪些做法当时可能有用，但现在环境与客户已经发生变化，之前的做法已不再有价值，应该停掉？

（2）应该少做什么？

哪些客户可以减少？

哪些产品或服务应该减少？

哪些会议可以减少？

哪些流程可以减少？

哪些环节可以减少？

（3）应该坚持做什么？

哪些产品或服务应该坚持投入？

哪些营销是难而正确的事情？

哪些能力要持续建设？

哪些是未来趋势，要持续投入（如数字化）？

（4）应该多做、创新做什么？

哪些事情花的时间少，价值很高，应该多做？

哪些创新的做法正在发生？

哪些是客户新的需求，要被满足？

做什么才能实现十倍增长或成为行业第一？

有哪些现有要素可以创新组合，产生更大的价值？

### （三）规划工具：价值链三力未来规划表

结合价值链三力现状诊断表与价值决策矩阵，可以得到价值链三力未来规划表（见表2-2），包括：

- 未来3～5年，该品类的目标是什么？
- 如果用实现十倍增长或成为行业第一的目标来要求，价值链三力——产品力、营销力、供应链力未来应该达到多少分？
- 与现状分数对比，哪个差距最大？
- 我们应该停止做什么？
- 应该少做什么？
- 应该坚持做什么？

表 2-2　价值链三力未来规划表

| 要达成目标，价值链三力应达分数 | | | 应该停止做什么 | 应该少做什么 | 应该坚持做什么 | 应该多做、创新做什么 | 整合计划是什么 |
|---|---|---|---|---|---|---|---|
| 产品力 | 营销力 | 供应链力 | | | | | |
| 未来 3～5 年，该品类的目标是什么（实现十倍增长或成为行业第一） | | | | | | | |
| | | | | | | | |
| | | | | | | | |
| | | | | | | | |

- 应该多做、创新做什么？

将上述进行整合，得出我们的整体计划是什么。

## 四、案例：华为价值链协同

### （一）华为手机的价值链协同

企业价值链是企业内部为利益相关方，尤其是客户创造价值，获得竞争优势的关键活动的组合创新与高效协同的动态组织形态。每次关键的价值链组合创新与高效协同，都是企业业绩的转折点。华为不是国内最早进入手机行业的，但现在已成为国产手机的领先者，实现单机过千万台的销量。通过梳理华为手机的发展史，能看到华为手机在产品、营销、供应链的组合创新与高效协同。

2007 年左右，华为手机产品为 ODM（贴牌）模式，毛利低，市场战略是红海竞争，成本为王；供应链配套策略为成本导向，迫不得已要频繁更换供应商，保证供应是供应链的主要任务。2011 年出现大转折，华为通过三亚战略会议，确定产品策略转向高端，当年推出 P1 和 Mate1。进入蓝海市场，市场战略是产品上市要快，供应链配套策略是推行阳光采购、价值采购，主要任务是对供应商分层分级、推动物料选型向主流汇聚，这样才能使产品上市更快。2012 年，通过集成研发系统，使 P7 和 Mate7 销量均达到百万台；市场战略是技术领先，上市即上量；供应链配套策略是交付要快，要早期介入、联合开发，主要任务是推行品类管理与供应商的战略合作。2013 年开始是华为的分水岭，产品从 P8 到 P10、Mate8 到 Mate10，Mate10 销量达到千万台，市场战略是推出华为与荣耀双品牌，华为品牌走高端、对标苹果，荣耀品牌走性价比、与小米等竞争。市场战略是人无我有、人有我优。市场要求供应链交付柔性、持续降本，供应链配套策略则是深度协同，洞察产业链，管理二级供应商，撬动供应商的竞争，实施采购降本。2019 年是华为的新起点，外部受美国制裁，芯片断供。其市场战略是：活着就是硬道理，发展中求生存，出售荣耀品牌获得现金流。供应链策略是国产化推进，协助供应商提升能力，管控质量；合理布局海内外资源，构建健康供应链生态圈，做好风险预警与管控。华为从产品升级到市场战略、配套的供应链策略的高度协同使价值链力出一孔，从容应对挑战，创造企业竞争优势。华为的价值链协同过程如图 2-8 所示。

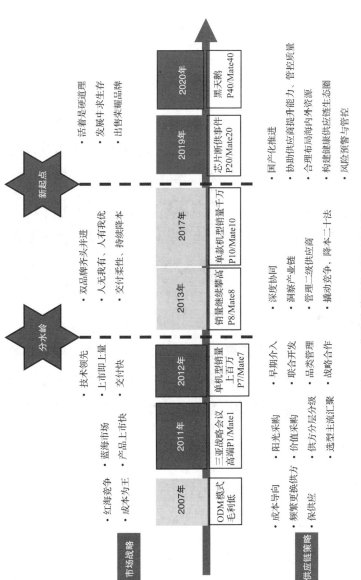

图 2-8 华为价值链协同发展过程

## （二）华为铁三角：项目型价值链协同

华为还将价值链理念应用到了项目上，这就是华为的铁三角。华为在苏丹电信项目上惨败，复盘时发现不仅方案被竞争对手全方位碾压，还暴露出很多项目管理的深层次问题：产品设计、销售、供应链各自为政，本位主义横行，项目缺乏有效沟通。客户极度不满意，既丢单又丢人。复盘后，项目组痛定思痛，决心打破部门墙，建立跨部门协同机制。当有大项目时，即成立由产品研发、销售、供应链人员组成的项目小组，项目小组中有三个角色：客户经理、解决方案专家、交付专家。

客户经理对应销售，职能是负责客户关系；解决方案专家对应研发设计，职责是给客户提供有价值的解决方案；交付专家对应供应链，职能是整合内外部资源，按时、按质、低成本交付给客户。

华为铁三角将价值链的三大职能从金字塔结构改造成项目作战单元，面向客户，三位一体，有效协同，在大项目上屡立战功。

华为铁三角结构如图2-9所示。

图 2-9 华为铁三角结构

　　企业除价值链三军外的其他部门如财务部门、人力资源部门、培训部门等要通过赋能价值链，间接为客户创造价值。

　　现在也有间接部门开始对外服务客户，比如培训部门对外为经销商、供应商提供增值培训服务，成为企业链接合作伙伴的重要手段。我们将这些间接部门为客户提供的增值服务划归营销范畴。企业所有的部门都要找到自己的内部或外部客户，如果找不到自己的内部或外部客户，这个部门就没有存在的必要。

## 第四节　数字化价值链创新

　　在后工业时代，数字化是企业转型、升级的必由之路。企业的价值链管理与数字化相结合，会让产业价值链、企业价值链产生哪些创新与效益，从而帮助企业为利益相关方创造价值，获得竞争优势？我们看一家低调的服装企业是如何通过数字化价值链创新，从而实现千亿美元估值的。

## 一、服装行业之痛

服装产业是朝阳产业，但整个行业上下游之间整合度不高，产业价值链整体水平较低。服装品牌方希望"要就有"，供应商工厂要备足库存，品牌方经常抱怨供应商工厂尾大不掉、协作不好、柔性不够，不能做小单快返，一旦产品好卖，就会缺货。作为制造方的供应商，人工成本、原材料成本上涨，希望品牌方的订单量大一些，计划与预测准一些，能承担订单变化造成的库存，账期短。由于上下游都不想承担相应的责任，库存就成了服装行业的硬伤，吞噬了大量现金流。所以尽管服装行业有 5 ~ 10 的定倍率，国内有全世界最充足的产业链，还有出海（跨境电商）、国潮（卖给年轻人）、下沉（卖给三四线城市）和升级（卖给中产阶层）等机会，但是这个行业中很多品牌商、供应商活得并不容易。

## 二、SHEIN：低调的千亿企业

主打快时尚的 ZARA、主打性价比的优衣库部分解决了上述问题，两家企业的市值都超过了 6000 亿元人民币。在服装行业里，还有一家低调的中国公司，目前估值超千亿美元，与 ZARA、优衣库分庭抗礼，却极少被中国消费者所知晓，这家公司就是 SHEIN（中文名：希音）。SHEIN 之所以不被中国消费者所熟知，是因为它主要做跨境电商业务，主战场在海外。有人形容 SHEIN 是"线上低配版 ZARA"，有人说 SHEIN 是"跨境电商服装行业的拼多多"，但无论如何，这家企业能在海外闷声发大财、估值高达千亿美元，其价值链值得研究与借鉴。SHEIN 在官网上这么介绍自己：SHEIN 是一家全球领先的时尚和生活方式在线零售商，致力于让"人人尽享时尚之美"。我们通过按需生产的模式赋能供应商共同打造敏捷柔性供应链，从而减少浪费，并向全球消费者提供丰富且具有性价比的时尚产品。目前 SHEIN 直接服务全球超过 150 个国家的消费者。

下面我们用价值链三力——营销力、产品力与供应链力解析 SHEIN 的价值链创新，看这家企业如何不走寻常路，数字化与价值链结合，从而开辟出自己的蓝海。

感谢与 SHEIN 合作的一些供应商提供的信息，让我们可以了解这家异常低调的公司。

### （一）营销力

SHEIN 精准定位国外年轻女性，创造"多快新省"的客户价值，避开了国内竞争激烈的市场，依托国内供应链优势，出海做跨境电商。SHEIN 名字由" she"和" in"组成，旗帜鲜明地表明客户群体为国外年轻女性，年轻女性对时尚、潮流敏感，对款式、品类要求多样化，对价格要求"能省就省"。所以 SHEIN 的价值主张就是"多快新省"，即品类多、上新快、款式新、价格低。对年轻女性来说，上新频率高，商品款式多，价格低廉，从几美元到十几美元，这让很多粉丝买到停不下来。

**自建平台，实现品牌与流量闭环**。很多跨境电商企业大多选择亚马逊等第三方平台销售，实际上是利用亚马逊的流量，将产品变现。好处是省事省心，可以快速利用平台流量将业务做起来。但缺点是流量与数据留存在平台上，而亚马逊的策略是主推产品，不主推店铺或品牌，这就形成了品牌方对平台的依赖。平台流量越来越贵，企业的发展就会遇到瓶颈；如果平台的规则多变，比如 2021 年亚马逊针对中国大卖家大规模封店，品牌方多年的积累就可能一夜清零。建独立站，如果品类单一，又很难形成对客户的黏性与留存。SHEIN 创业初期就选择做正确而难的事，以"自建独立站＋全社交媒体"方式进行自营，实现品牌与流量的闭环。SHEIN 将中国电商剽悍的营销打法移植到海外，在 Facebook（脸书）和 Instagram（照片墙）、TikTok（国外版抖音）等全渠道与网红、达人合作，通过苹果应用程序商店、谷歌付费投放搜索关键词，开展邮件营销，将国内电商的短视频带货、电商造节、秒杀、找相似、分享赚钱等打法应用于海外市场，快速获取粉丝与流量，其 App 的日下载量一度超过了亚马逊。

**用销售大数据驱动小单快返。**SHEIN 的价值主张是"多快新省"。SHEIN 每天有很多款上新，以极低的售价俘获海外消费者，这就需要控制好库存，此时用人工来判断如何备货是不可能完成的任务，所以小单快返就成了必然选择。小单快返指不以订单的方式生产，而是以极小的首单量来测试市场，当消费端有数据显示某款商品是"准爆款"时，企业再将该商品返到工厂增加生产订单。因为不涉及大量提前生产，小单快返会极大地降低库存。SHEIN 的方法是用数字化工具抓取自营平台上的销售数据，结合各地区消费者的搜索趋势，确定快返数量，指导工厂进行快速生产，快速交货。ZARA"小单快返"的生产周期是 2 周，SHEIN 则将核心品类的生产周期缩为 5～7 天，如果遇到爆款，最快可以在 3～5 天内交货。小单快返的背后，是销售大数据的支撑。SHEIN 的营销力的背后，是基于线上场景的数字化营销。

## （二）产品力

很多服装品牌公司为了降低风险、控制成本而采用买手模式，即供应商设计，品牌公司挑选，再委托供应商进行生产加工。这种模式的好处是轻资产，缺点是会受制于供应商。供应商也要赢利，设计一款新品会同时卖给多家客户，这就造成产品同质化。好产品卖断货，不好的产品库存积压。SHEIN 的设计从买手模式过渡到设计师模式，设计师包括自有员工与合作的外部设计师，将设计掌握在自己的手中。

SHEIN 的设计师有 IT 系统支持，设计师可以实时掌握新兴趋势和竞品的上新状况，IT 系统会预测市场流行趋势，为设计的成功提供保证。设计辅助系统将设计师的设计工作进行了相当程度的标准化，在已框定好的面料、辅料、图案范围内设计，大大提高了效率。设计图稿出来就有条形码入系统，每到下一道工序，扫描条形码就可以清楚地显示此份设计稿的设计师、面辅料供应商、打样人等，每道工序用了多长时间，可以很好地统计从出设计图稿到下生产大货前每道工序的时长。通过这种方式，保证 SHEIN 每天都会上新 5000 ～ 6000 个 SKU。

### （三）供应链力

为达成小单快返，2015 年，SHEIN 将总部从南京迁到广州番禺。广州番禺是服装的产业集群地，从商品企划—面辅料企划—设计企划—技术研发（打样）—生产到成品物流进仓，番禺具有产业优势。番禺南村为研发供应链中心，广州中大面辅料市场、佛山张槎针织基地、柯桥面辅料市场为面辅料中心，生产也以番禺南村为中心，番禺南村 80% 的大小工厂都为 SHEIN 服务，以 SHEIN 为中心所有工厂距离半径为 5 公里以内，为 SHEIN 做到快速反应提供了地理优势。

SHEIN 解决了"库存"这一行业难题。供应商工厂最担心的是如何备原料库存，备多了客户不给订单或订单变化就会造成面辅料库存积压，造成损失；备少了又会影响交货，而且单独购买也并无成本优势。SHEIN 将供应商担心的问题彻底解决了：面辅料由 SHEIN 公司统一购买，提供给工厂，工厂只管加工制造。一方面可以发挥 SHEIN 集中采购的成本优势，另一方面解放工厂，不用担心采购物料的库存问题，专心生产。当然，SHEIN 也可能出现成品滞销，面辅料呆滞，这时 SHEIN 的设计师团队会根据呆滞的面辅料库存，再设计一些新款，将这批呆滞面辅料消化完。

**善待供应商，优化账期**。服装行业有个不好的习惯：账期很长，有的还要拖欠。有的品牌商拖欠供应商货款可能长达 1 年，很多供应商不堪重负，甚至被拖死。SHEIN 比较厚道，将账期做到行业内最短。有的供应商没有钱去扩大生产，SHEIN 会借钱让其去买设备，建厂房。供应商不用担心库存问题、账期问题，轻装上阵，即使利润稍低，要求快速，供应商也愿意全力配合。正是通过这些做法，SHEIN 获得了一批忠诚度很高的供应商。

**供应商帮扶**。要满足小单快返的要求，SHEIN 招募的供应商规模往往不大，"作坊工厂"居多。为了更好地实现对面辅料供应商、成衣加工厂统一管理，在 SHEIN

公司总部南村专门成立了"供应商培训中心"，每个月都会对面辅料供应商、成衣加工厂（供应商负责人、各模块负责人）进行统一培训，包括工厂审核、面辅料检测、检验标准、板型尺寸标准、工厂查货标准、工厂管理标准等内容。培训完还要进行结业考试，如果某个工厂培训考试不合格，会影响订单量。在供应商最重视的订单分配上，SHEIN将其算法化，从下单开始到工厂系统自动排单，减少人为影响。每天晚上，系统会根据各个工厂的准交率、品质合格率等数据，按系统规则优先排给绩效好的工厂。

**供应商的数字化管理**。SHEIN在供应商端推广MES（制造企业生产执行管理系统），通过MES可以实时抓取供应商制造数据，包括计划排程、生产调度、库存、质量数据等。通过数字化将原来在物理上离散的小工厂连接起来，成为一个在虚拟空间内超大的网络。系统后台每天可以清晰地统计各个工厂从裁床、车间缝制、后整整烫、包装等各模块的产能，一个周期统计一次数据，找出在哪个环节用时最长，然后进行针对性的效率改善。近的地理位置，透明的信息，使管理成本与交易成本大幅降低。

SHEIN通过产业价值链的改造与对企业价值链的创

新，营销、产品与供应链高效协同，使业务流、资金流、信息流、物流高效流转，这背后是基于长期主义的核心能力建设，是快速反应、创新融合、数字化的价值链管理。这使 SHEIN 快速发展，达到千亿美元市值。因为深挖价值链管理竞争力的护城河还需要时间，所以 SHEIN 才如此低调吧。

期待有更多中国公司，应用价值链管理，像 SHEIN 一样，千亿万亿、星辰大海！

**学以致用**

■ 【学】

请用自己的语言描述本章的要点：

-------------------------------------------------

-------------------------------------------------

-------------------------------------------------

-------------------------------------------------

■ 【思】

描述自己企业的相关经验与本章对自己的启发：

-----

-----

-----

-----

■ 【用】

准备如何应用？希望看到的成果是什么？

-----

-----

-----

-----

会遇到哪些障碍？

-----

-----

-----

-----

## 解决障碍有哪些方法、措施、资源？

-------------------------------------------------------------------------

-------------------------------------------------------------------------

-------------------------------------------------------------------------

-------------------------------------------------------------------------

## 行动计划：

-------------------------------------------------------------------------

-------------------------------------------------------------------------

-------------------------------------------------------------------------

-------------------------------------------------------------------------

# 价值链管理的哲学与指导思想

———

　　不是所有的企业都能建立价值链体系。价值链体系是以为客户创造价值、获得竞争优势为目的，以关键活动组合创新与高效协同为手段，以组织能力为支撑来开展的。如果没有健康的企业文化，缺少为客户创造价值，缺少组织创新的动力与协同的方向，缺少坚持长期主义的能力建设，价值链就无法实现长期良性运作、高效协同。所以，企业的价值链需要价值链管理的哲学与指导思想来保障，让价值链找到创新的动力源和协同的方向。

　　VUCA 时代，变是常态，组织要面对非常多的挑战与竞争。活下来的组织要么智慧，要么健康。组织智慧是对事而言，是指组织有策略、有方法达成目标。组织健康是对团队而言，是指团队开放、文化透明、互相信任，沟通顺畅、协作良好。当然，最好的组织是既智慧，又健康。智慧可以让组织活下来，健康能保证组织活长久。

——

## 第一节　价值链管理的哲学

组织智慧又健康的来源有两个。一是忧患意识，管理团队要居安思危，对外界变化保持敬畏与警觉。忧患意识是驱动价值链系统的动力源，让团队不懈怠、不官僚，不断提出更高目标、不断精进，建立智慧的组织体系。二是利他思维，利他思维解决了价值链运作的方向问题，为客户创造价值，与利益相关方多赢、协同，只有这样企业才能长久。忧患意识是利己，利己者精进。利他思维让团队保持对外的开放与谦虚，建立健康的组织文化，利他则久。忧患意识与利他思维，就像太极的阴阳，让组织生生不息、健康成长。忧患意识与利他思维，构成了价值链管理的哲学，如图 3-1 所示。

图 3-1 价值链管理的哲学

## 一、忧患意识

一则小故事，让我们更好体会什么是忧患意识：

小鸡问母鸡："妈妈，今天可否不用下蛋，带我出去玩啊？"母鸡道："不行的，我要工作。""可你已经下了许多的蛋了。"小鸡说。母鸡意味深长地对小鸡说："一天一个蛋，刀斧靠边站！孩子你要记住：存在是因为创造价值，淘汰是因为价值丧失。过去的价值不代表未来的地位，所以每天都要努力。"

生于忧患，死于安乐。忧患意识是社会进步、组织进步的动力。作为太平洋上的一个小岛，日本的地理位置绝谈不上优越，加上自然灾害频发，因此部分日本国民都有种不安全感，而正是这种不安全感在一定程度上推动日企持续改进，进而带来日本经济的腾飞。中国经济腾飞，在起步阶段靠的是无数企业起早贪黑、加班加点。为什么会有人选择创业？很少有人创业初期就想着改变行业，让世界变得更好。更多人是因为对自己的现状不满，对能看到自己十年后的平庸生活不甘心。当创业者成为企业家，为什么还要不断地变革、折腾？居安思危，更多的是对失去的担忧。曾经有一段时期，中国企业内卷严重，竞争激烈，经营企业如逆水行舟，稍有懈怠市场就会被更有忧患意识、进化更强的竞争对手蚕食。更恐怖的是，这个竞争对手还可能是过路的、跨境的、以往都没想过会有竞争关系的。另外，中国创业环境还在不断地完善发展中，同时由于国内国外经济形势的变化，很多影响因素也在不断调整。作为企业的掌舵者，要如履薄冰，眺望远方，预判风险，随时叫醒船员，才能让企业这艘大船乘风破浪，直挂云帆济沧海。

但要注意一点，也不必过于忧虑，忧患意识要控制在一定程度／范围内，因为它的过度表现是抑郁。由于顾问身份，我接触了不少抑郁的企业家。中国企业家们往往是孤独的人群，人前光鲜，万众瞩目，人后要面对内外部挑战，压力巨大。连华为创始人任正非，也曾有严重的抑郁症。是因为创办企业有压力才抑郁，还是因为一群本身有忧患意识、有冒险精神的人选择创业，忧患在压力下转成了抑郁？这个话题本文不做更深探讨，没有不好的情绪，只有没放对位置的能量。无论是恐惧、忧患，甚至是自卑、嫉妒，如果利用它们去推动自己进步，让自己变得更优秀，这些负能量就能转化为正能量。

很多企业向华为学习，学习华为的IPD集成研发、华为的流程，请华为系的老师辅导。我的建议是不要学华为的具体干法，华为的具体干法，你学不会，用不了。华为的成功是一个大系统的成功，特定时代，多年以来坚持大投入，几代人不断迭代，无数的精密齿轮、系统组合在一起才能发挥作用。把一个功能齿轮弄来，缺乏系统支撑，安装在自己的牛车上不会产生作用，就算你把华为这辆汽车整个买过来了，赛道不同，司机不行，还是不行。另外，对于华为的系统，只有当年少数建过系统的人才知道这里面的关键与妥协，现在的人很多只是见过、用过这个系统。你让只见过系统的人去辅导企业，就像花重金请网约车司机穿越回明朝，让其帮助建汽车工业，既浪费钱又浪费时间。学我者生，像我者死。要学，就学华为的忧患意识。

## 华为的忧患意识

华为的忧患意识，写进了任正非 2000 年的《华为的冬天》。这篇文章超越了时空的限制，主题是居安思危，生于忧患。建议团队常读。在其中，任正非充满忧虑地写道：

公司所有员工是否考虑过，如果有一天，公司销售额下滑、利润下滑甚至会破产，我们怎么办？我们公司的太平时间太长了，在和平时期升的官太多了，这也许就是我们的灾难。泰坦尼克号也是在一片欢呼声中出的海。而且我相信，这一天一定会到来。面对这样的未来，我们怎样来处理，我们是不是思考过。我们好多员工盲目自豪，盲目乐观，如果想过的人太少，也许就快来临了。居安思危，不是危言耸听。

…………

十年来我天天思考的都是失败，对成功视而不见，也没有什么荣誉感、自豪感，而是危机感。也许是这样才存活了十年。我们大家要一起来想，怎样才能活下去，也许才能存活得久一些。失败这一天是一定会到来的，大家要准备迎接，这是我从不动摇的看法，这是历史规律。

…………

华为公司老喊狼来了，喊多了，大家有些不信了。但狼真的会来。今年我们要广泛展开对危机的讨论，讨论华为有什么危机，你的部门有什么危机，你的科室有什么危机，你的流程的那一点有什么危机。还能改进吗？还能提高人均效益吗？如果讨论清楚了，那我们可能就不死，就延续了我们的生命。

............

华为的危机，以及萎缩、破产是一定会到来的。

现在是春天吧，但冬天已经不远了，我们在春天与夏天要念着冬天的问题。……IT业的冬天对别的公司来说不一定是冬天，而对华为可能是冬天。华为的冬天可能来得更冷，更冷一些。我们还太嫩，我们公司经过十年的顺利发展没有经历过挫折，不经过挫折，就不知道如何走向正确道路。磨难是一笔财富，而我们没有经过磨难，这是我们最大的弱点。我们完全没有适应不发展的心理准备与技能准备。

紧接着，任正非先生提出了管理者要学会自我批判，要勇于变革：

危机的到来是不知不觉的，我认为所有的员工都不能站在自己的角度立场想问题。如果说你们没有宽广的胸怀，就不可能正确对待变革。如果你不能正确对待变革，抵制变革，公司就会死亡。在这个过程中，大家一方面要努力地提升自己，一方面要与同志们团结好，提高组织效率，并把自己的好干部送到别的部门去，使自己部下有提升的机会。你减少了编制，避免了裁员、压缩。在改革过程中，很多变革总会触动某些员工的一些利益和矛盾，希望大家不要发牢骚，说怪话，特别是我们的干部要自律，不要传播小道消息。

…………

记住一句话："物极必反"，这一场网络、设备供应的冬天，也会像它热得人们不理解一样，冷得出奇。没有预见，没有预防，就会冻死。那时，谁有棉衣，谁就活下来了。

注意，任正非写这篇文章时，华为并没有陷入困境，而是营收增长，员工感觉形势大好。任正非泼了一盆冷水，提前预警：冬天要来了！危机是任正非说的高频词："历史给予华为机会，我们要防微杜渐，居安思危，才能长治久安。如果我们为当前的繁荣、发展所迷惑，看不见各种潜伏着的危机，我们就会像在冷水中不知大难将至的青蛙一样，最后在水深火热中魂归九天。""华为已经进入了一个无人区，前面有可能是万丈深渊，稍有不慎就会跌进去，陷入万劫不复之地。唯有惶者方能生存！"华为是这么说的，也是这么干的，华为大手笔引进国际先进管理经验与人才，提前做产业链供应链布局。当华为受到美国的打压、芯片与操作系统断供时，我们看到了任正非先生与华为团队应战时的坦然镇定。因为在春天就考虑冬天，有预见，有预防，有棉衣，就能活下来。

任正非先生的关于危机的系列讲话，不仅是在提醒华为人，也是在提醒中国的企业家：生于忧患，死于安乐；危机感，才能让企业生命延续。这个世界唯一不变的就是变化。要想跟得上环境的变化，要想不被时代淘汰，企业就必须主动变革，拥抱变化。

缺乏忧患意识的企业，小富则安，错把时代的机遇、行业的发展当成自己的能力。当团队不再谈如何为客户创造价值，不谈如何提升组织能力，而是在谈车、谈房、谈享受时，企业的巨轮已开始着火，企业发展已开始减速。做企业一定要警惕那些鼓吹"厉害了我的企业""领导英明"的人，因为听的时间长了，会丧失对外部的危机意识；而当危机来临时，这些鼓吹者会最先弃船逃跑。要经常对团队进行危机意识的宣导，让团队保持清醒的认知，时代在巨变，经济有周期，生于忧患，死于安乐。比尔·盖茨说："微软离破产只有 18 个月。"国内一位创业者告诉我："创业十年，有句话一直伴随着我们，'我们永远离倒闭只有 90 天'。带领我们跨越一个个山峰的，是忧患意识下，勇于创新和全力以赴的创业精神。"

## 二、利他思维

如果说忧患意识解决了企业发展的动力问题——让自己有价值，那么利他思维解决的是企业发展的方向问题——对他人有价值。

企业为什么利他？

企业创业初期，为了生存，会有强烈的竞争意识。当企业解决了生存问题后，要考虑如何利他，为利益相关方创造价值。因为利他，企业才能可持续经营。原因很简单，企业的钱是客户给的，是员工干出来的，是合作伙伴协作出来的，背后则是社区与国家的支持。只有建立一个多赢系统，才可持久。所以，利他，是更高境界的利己。

首先，利他要利客户。德鲁克说：企业的目的必须在企业本身之外。价值链的首要目的，就是为客户创造价值。客户是企业业务来源、衣食父母，对客户要有敬畏心，为客户解决问题，帮助客户成功，让客户变得更好。华为将客户放在首位，提出"以客户为中心，以奋斗者为本，长期坚持艰苦奋斗"。以客户为中心可以说是华为的第一原则：以客户为中心是长期坚持艰苦奋斗的方向；艰苦奋斗是实现以客户为中心的手段和途径；以奋斗者为本是驱动长期坚持艰苦奋斗的活力源泉，是保持以客户为中心的内在动力。核心就是以客户为中心，为客户创造价值。

其次，利他要利员工。员工是企业服务客户的根本。当企业利于员工，与员工分享企业收益，帮助员工成长时，员工才能帮助客户成功。福耀玻璃董事长曹德旺先生认为：做好企业就是最大的慈善，因为企业是一个创造价值的平台，解决了员工就业，让员工有成长，让员工背后的家庭过上幸福的生活。稻盛和夫在挽救新日航时也提出：企业经营目的是追求全体员工物质和精神两方面的幸福，在此基础上为顾客提供最好的服务，提高自身价值，为社会的进步和发展做贡献。

再次，利他要利供应链伙伴。作为企业，离不开供应链伙伴的支持与协作。企业与供应链伙伴之间是命运共同体，一荣俱荣，一损俱损。帮助合作伙伴获得业务增长、能力成长，也是企业自身发展的需要。对供应链伙伴利他，就要做到按时付款，对供应链伙伴严格要求，促进其能力提升；发挥供应商的价值，使供应商受到尊重，让供应商有未来，共同打造一个受人尊重的多赢供应链生态体系。

最后，利他还要利人类社会。每当遇到危机、灾难，总有企业慷慨解囊，捐资捐物；有志愿者挺身而出，逆流救助，让人感动，人们一直在追随更高层级的伟大力量。宇宙仿佛有一种力量，让万事万物生生不息，这种力量指引个人、组织、社会乃至人类朝着更美好的方向前进。对企业而言，要有商业价值，但在推动人类社会进步、推动人类心性提升上，商业价值又显得普通与渺小。

## 稻盛和夫的利他思想

我一度陷入人事纠葛的低谷，稻盛和夫的《心法：稻盛和夫的哲学》一书给了我很大的帮助。书中认为，宇宙的意志就是利他，就是真善美。它们是一切事物的本源，人生的价值就在于顺宇宙的意志，为社会、为世人做贡献。人生是一场试练，要不断努力，提升心性。为了行业变得更美好，推动人类的发展，创建更理想的社会，我们应该具备怎样的思维方式？应该建立怎样的哲学规范？稻盛先生是位知行合一的人，他把利他思维扩展到敬天爱人，从白手起家创业到帮助更多企业发展，他是这么说，也是这么做的。

稻盛先生创办了两家世界500强公司——京瓷和KDDI，最让人钦佩的是2010年2月，稻盛先生应日本政府的再三请求，以78岁高龄，十足的外行，0工资出任濒临破产的日航董事长一职。

2010年，日航创造了60年历史上最高的利润——1884亿日元，是之前历史纪录的两倍。2011年，受日本大地震、福岛核辐射影响，航空业受到很大冲击，日航却逆流勇进，利润达到惊人的2045亿日元，利润率是当年全世界航空业平均的17倍。2012年9月，日航在宣布破产后仅仅2年7个月重新上市。日航连续三年准点率世界第一，并形成了可持续发展的高收益的企业体制。2013年3月末，稻盛先生谢绝日航的挽留，急流勇退，正式从日航引退，并笑称这是"好汉的美学"。

稻盛先生对航空业是门外汉，没有任何航空业的管理经验。而当时的日航问题严重：官僚主义盛行，经营报表要三个月之后才能出来且是本糊涂账，员工士气低落，很多人混日子；从上到下认为销售受市场影响不能提升，不赢利是正常的，客户投诉是因为客户素质差。

稻盛先生接手日航，没有采取轰轰烈烈的管理变革，而是导入稻盛经营哲学，身体力行，率先垂范利他。

（1）为什么要拯救日航？

因为日航是日本经济高速增长的代表企业，其破产带来的社会影响是巨大的，为重振日航，稻盛先生提出了三条大义：为了保住留任的三万两千名日航员工的饭碗；为了给低迷的日本经济的重振助一臂之力；为了保持航空业的竞争态势，让日本国民有选择航空公司的权利。（利员工、利国家、利国民。）

（2）新日航的企业目的是什么？

明确新生日航的经营理念，或者叫企业目的，就是"追求全体员工物质和精神两方面的幸福"，在这基础之上，"为旅客提供最好的服务；提高企业自身价值，为社会的进步和发展做贡献"。（利员工、利客户、利企业。）

（3）为达成目标，全体日航人员应该具备什么思想意识？

员工内心利他的火种被激发，是最善意的组织管理。日航濒临破产的原因，核心是思想意识。稻盛先生给日航干部上课，首先讲领导人应有的资质，要求大家以"作为人，何谓正确"作为判断和行动的基准，要求干部成为受到部下信任和尊敬的人。稻盛先生认为企业的经营，仅靠一个人的力量是不够的，因此，必须相信员工，推进以心为本的经营，稻盛先生用三条大义来唤醒干部与员工心中的善念、利他、爱心，去启发干部和员工。所谓利他之心，就是能将别人的欢乐视为自己的欢乐的心灵。看到别人成功，能从内心觉得"真好啊"！人利己心虽然很强烈，但与此同时，所有人也都拥有"利益他人、为他人着想、与人为善、关爱他人"的利他本性。如果心中没有利他心，也就是关爱他人、为他人着想的愿望，企业经营是无法成功的。必须抑制"只要自己好就行"这种利己心，我们能抑制多少利己心，就会相应地有多少利他心呈现出来。要抑制利己心，就需要在人生中不断反省，保持谦虚，还要"知足"，不能让自己的欲望无限膨胀。"人生·工作的结果＝思维方式 × 热情 × 能力"。用正确的思维方式也就是作为人何为正确去引导工作，做判断。用热情将思维方式付诸行动。做任何事，都有困难，如何面对困难？就是努力、愿望、激情，就是要有渗透至潜意识的强烈而持久的愿望，一刻不放松。人的能力是无限的，只要有正确的思维方式和持续的热情，人的能力就会在工作中不断地成长，就可以完成那些看起来高不可攀的任务。

（4）用什么衡量自己的努力？

稻盛先生用阿米巴来改变日航的官僚型组织，即用数字将经营的实际情况公开，让员工看到自己努力的成果以数字的方式呈现出来，每个员工知道自己为公司创造了多少价值，是公司价值的创造者还是公司成本的创造者。不管好与坏，要能让员工产生下个月必须更努力的想法，鼓励员工的干劲。

这里说明一下，国内很多企业推行的阿米巴是算账分钱的承包制，由于缺乏利他的哲学支撑，导致更关注短期利益、小团体利益，而忽略整体利益与长期能力建设，造成跨部门沟通协作障碍。这不由令人深感遗憾，因此企业在推行阿米巴时一定要注意这一点。

最后，稻盛先生自己总结新日航的成功原因，他说："可能是我让日航的干部员工们感动了。我已80岁高龄，身为航空业的外行，不取一分报酬，没有私利，原来与日航也没有任何瓜葛，冒着'玷污晚节'的风险，鞭策这把老骨头，全身全灵投入日航的重建。看到像他们的父亲、爷爷一样年龄的人，为了他们的幸福拼命工作的样子，日航的员工们感动了，他们觉得'自己不更加努力可不行啊'！由于日航全体员工团结奋斗，不断改革改进，日航重建才获得了成功。"

## 不发国难财

新冠疫情席卷全球，抗疫期间涌现出许多感人事迹。疫情初期额温枪一度极其紧缺，价格飞涨。我们的顾问企业桂林啄木鸟是牙科设备的高新技术企业，企业高管层看到这种情况，要求研发、供应链通力协作，做出额温枪供应社会。啄木鸟研发和供应链进入紧张状态，开发、量产并交付。当时市场上额温枪已涨到800～900元还很难买到。企业高管层做出决策，按成本价出售额温枪给政府、给客户，坚持不赚钱。我问他们，你们为什么没像其他企业一样卖高价，来弥补牙科设备订单的损失呢？他们说："我们是做牙科设备的，这才是我们的主业。至于额温枪，社会有需求，我们有能力，就帮着做一下，做完我们还是要回归主业的。国家有困难，我们能帮助解决就解决，但不能发国难财。总不能等我老的时候对孙子说：当年疫情，你爷爷抓住机会，狠狠地赚了一笔。"他们的胸怀和格局让我理解了啄木鸟医疗为什么能成为中国领先的牙科设备供应商，产品远销国外。也正是因为有无数像桂林啄木鸟这样的企业，才让我们的国家、我们的未来有了希望。

作为企业的价值链的设计者，可以试着回答如下问题：

- 客户，会因为我们做了哪些变得更好？
- 员工，会因为我们做了哪些成长富足？
- 供应商，会因为我们做了哪些有更大发展？
- 行业，会因为我们发生哪些改变？
- 企业，会因为我们做了哪些实现梦想？
- 世界，我们是否有机会改变，让其丰盛？
- 我们应该建立怎样的价值链哲学？

## 第二节　价值链管理的指导思想

### 一、德鲁克管理思想

我们反复说中国企业从工业时代进入后工业时代，

那么从工业时代到后工业时代有什么变化？首先，工业时代是以生产为中心，后工业时代以客户为中心；工业时代追求成本与效率，后工业时代追求价值；工业时代以体力劳动者为主，被人管理，后工业时代以知识工作者为主，自我管理。在后工业时代，要做到组织健康与组织智慧、更适合知识工作者，且经过时间和企业验证的科学、有效、系统的指导思想是德鲁克管理思想。事实证明：在践行德鲁克管理思想的企业，推行价值链管理、供应链管理都非常顺利，比如重庆麻爪爪与武汉自然萃两家践行德鲁克管理思想的企业。德鲁克管理思想是目前阶段对价值链三军协作最合适的科学的指导思想。企业有了合适的指导思想，容易形成正确的价值观、科学的方法论，实现团队自我管理、注重贡献、做正确的事。

《卓有成效的管理者》是德鲁克最著名的管理学著作，倾注了德鲁克极大的心血，建议推行价值链管理的企业反复学习，达成组织同频，从而让"一群平凡的人，做出不平凡的事"。德鲁克认为在后工业时代，从体力工作进入知识工作，对组织负有责任、能影响组织经营成果的人，就是管理者。管理者要进行自我管理，使自己的工作卓有成效；通过有效的自我管理，使整个企业有效，使知识转化为成果。

德鲁克管理思想，本质是围绕价值开展工作。做到以下几点，能更好地聚焦价值。①时间管理。对于有效管理者来说，时间是最宝贵的资源，拿出整块时间干最重要的事情；随时进行必要的检讨，毅然决然地抛弃那些过时的任务，或者推迟做那些次要的任务。②贡献。管理者的目标在于提高整体的绩效，产生直接成果。管理者要重视对外界的贡献，为了达成整体目标，要思考：我能做哪些贡献？我如何激励他人做出自己的贡献？我能为其他人、其他部门乃至整个组织贡献什么？③用人所长，容人所短。不要试图让人成为"完人"或"全才"，关注一个人能做什么，而不是他不能做什么，把工作建立在优势上：自己的优势，上级、同事和下级的优势。④要事优先，摆脱昨天。要果断地放弃一些事情，哪怕前期投入了很多成本。重视将来胜过过去，重视机会胜过困难。⑤做有效的决策。德鲁克管理思想的贡献，是让团队形成外部的视角、贡献的意识、成果的目标，实现价值链的有效协同，发挥优势、抓住机会，为客户创造价值。

　　践行德鲁克管理思想的企业，在价值链体系建设上，会有哪些不一样？下面以重庆麻爪爪，一家重庆卤味凤爪的创业企业为例，讲述其在创业路上遇到的挑战与艰辛，以及运用德鲁克管理思想指导企业的价值链体系建设提炼的方法论。内容来自对麻爪爪创始人于学航的专访，所以文中用了第一人称。他毫无保留地将创业历程、心得方法进行分享，希望能帮助创业企业科学创业、少走弯路。

## 二、麻爪爪：一家践行德鲁克管理思想的企业

### （一）麻爪爪：品牌三问

　　与麻爪爪创始人于学航第一次加微信，他发了一段文字代替了通常的尬聊，高效又特别。

　　你好，很荣幸认识！

　　世界这么大，遇见不容易！

　　我是于学航，重庆麻爪爪创始人。

　　花名"麻哥"，电话：18×××××××××。

　　【业务描述】以凤爪为主打，为社区提供好吃、新鲜的麻辣卤味，让天下没有难开的社区卤味店。目前主要

集中在重庆、成都地区，有 260 多家门店，是重庆麻辣卤味引领者！

【期望收获的是】

1. 对德鲁克管理思想运用感兴趣的同道中人。

2. 链接各种鸡爪鸭副、供应链、拓展等资源。

3. 易受启发体质，期待被更多行业高手启发！

【能提供的是】

1. 麻爪爪随时品鉴，全国顺丰速达！

2. 擅长德鲁克书籍的解读和应用，打造企业内部共同的语言基础，系统应用德鲁克管理思想，连续 5 年 100% 以上增长，曾经 6 年举办 / 参与 300 场德鲁克公益读书会，带领全国各地 1000 多人学习应用德鲁克管理思想。

请多指教！

短短介绍里 5 次提到德鲁克，提到用德鲁克管理思想打造企业内部共同的语言基础，系统应用德鲁克管理思想，6 年举办 / 参与 300 场德鲁克公益读书会，带领全国各地 1000 多人学习应用德鲁克管理思想。

而当于学航介绍麻爪爪时，他居然用的是定位的系统方法，果然是易受启发体质。定位告诉我们，当一个顾客首次听到一个陌生的品牌时，通常会问以下 3 个问题。

第一问：你是什么？一句话说明品牌所归属的品类，高效对接客户需求。

第二问：有何不同？一句话说明品牌对顾客有意义的竞争性差异，即"特性"。

第三问：何以见得？一句话说明品牌差异化显得可信的证据，即"信任状"。

品牌三问是品牌与顾客最重要的沟通，也是顾客了解一个品牌的最省力最高效的方式。

所以上面的自我介绍用了品牌三问的方式：

我们是什么？以凤爪为主打的麻辣卤味便利店。

有何不同？重庆麻辣卤味引领者。

何以见得？社区卤味店集中在重庆、成都，有 260 多家门店，密度高。

### （二）麻爪爪创业初期：三条战线，陷入困境

我们创业并非一帆风顺，我们走过弯路，陷入过困境。2015 年之前，麻爪爪有三大业务：

第一是技术加盟。我们在全国授权了 72 家连锁店，使用麻爪爪的核心技术和品牌。按道理说加盟应该是给一套开店的解决方案，但实际上能交付的只是一套技术。72 家店，每个月新开 2～3 家，每家收费 2.98 万元，配料包也有点利润。

第二是电商业务。主要通过天猫向全国的顾客销售麻辣凤爪，也开发了很多周边产品，比如辣子鸡、麻辣藕片、麻辣鸭脖等产品。渠道是各个电商平台，客户是在全国各地线上购物的消费者。当时每个月销售额 20 万～50 万元，盈利不稳定。

第三是直营实体店业务，是我们最开始做的业务。实体店的产品是以凤爪为特色的卤味，渠道是街边实体店，客户是附近社区的居民，他们希望晚上回家能够加一道菜或者在追剧、聚会的时候来点麻辣味道。当时有 3 家门店，月销售额 4 万～6 万元，但是模式很重，每一个新店要投资 15 万～20 万元，高的 50 万元，要面对各种复杂的管理问题。盈利水平要看位置和店的投入。

由于有三条战线同时作战，人手有限，每条战线都很复杂，做得很辛苦。只过了两年多的时间，企业就陷入发展的瓶颈。

### （三）学习德鲁克管理思想，做决策

为了解决企业发展瓶颈，我决定先学习德鲁克管理思想，再去做决策。下面是我学到的三个最重要的收获。

第一，创业者的第一项任务就是思考：你的事业是什么？简单说，就是我们到底为谁提供什么样的产品或服务？事业有三个核心的关键词：产品、渠道和市场。

第二，做好一项事业，需要搞定一些关键要事，关键要事对应着核心知识，需要专人来掌握应用它，然后负责关键要事的人就组成了我们的组织架构。我们平时说的组织结构服务于战略，就是这样来的。

第三，我们真正要做好一件事，需要摆脱昨天。每个人和每个企业都有一些过去的羁绊，需要摆脱，否则时间和精力、人才、资金都会不够用。但是，即使摆脱了昨天，你也会发现面临的机会可能不止一个，可能同时有两三个甚至更多。同时抓吗？不行。你需要聚焦于最大的机会。

当我们再回头分析麻爪爪的业务时，发现这三种业务是不同的业务：不同的产品、渠道和市场。我们从未来性、机会、问题，以及它是不是我们期待的事业方向这几个维度对三条战线进行了重新分析。

**技术加盟战线**。学习德鲁克管理思想的人都注重现

场考察，我在全国走了一圈，来了深圳，去了苏州、上海、潍坊、青岛，看看技术加盟商做得怎么样。我悲伤地发现，他们经营起来特别痛苦，因为他们要自己采购、生产、配送、销售、管理等。90%的加盟商都挺煎熬的，只有七八家还能勉强应付，那是因为他们之前做过生意，有点经验。从价值观来看，我们希望能做一些对社会有价值的事情，不一定能让社会变得多么美好，但起码不要变成社会的祸害。但从当时的情形来看，这样下去的话，虽然公司能挣点钱，但也危害了很多家庭，他们满怀希望地投入十几万元，最后经营惨淡，生活被动。我觉得这不符合麻爪爪的价值观，这只是挣快钱，我们认为技术加盟不是麻爪爪的机会。

**电商业务战线**。前途可能是光明的，但是需要投入很多资金、资源，应该是一个可能的机会。但考虑到终局，一定会面临和三只松鼠、良品铺子、百草味这样的企业去竞争。互联网的特点是头部通吃，这些头部品牌控制了渠道，我们没有优势，这目前不是我们的机会，需要暂时搁置。

**实体店战线**。街边市场是高度分散的，像绝味鸭脖、周黑鸭这样的品牌，它们的市场占有率都不超过5%。同时，顾客总是希望有新的口味出来，所以说未来性还是有的。从机会角度看，街边卤味店的生命力都蛮强的，但是问题也有，它们需要很多的投资，管理起来也比较烦琐。我们认为这可能是一个方向，需要验证。我们回到业务本身来验证，发现自己的 3 家实体店，在竞争非常充分的市场里，周边有绝味鸭脖、周黑鸭等强劲的竞争对手，但在没有投入太多时间和精力的情况下，依然在持续挣钱。也就是说，在没有投入时间和精力的情况下，它们都能创造顾客。如果我们投入更多的时间和精力，岂不是大有可为？我们认为，这可能是我们最大的机会。所以，我们确定了我们的事业方向：开社区连锁。

德鲁克说，要摆脱过去。所以加盟的业务我们就彻底停止了，不管技术加盟的顾客意向多么强烈，我们都不再开放技术加盟，不想坑他们。电商十几万客户，怎么办？不再投入，团队保持最小的规模，保持基本的服务，并把最优秀的人才，也就是电商负责人调到实体店来做外卖。于是我们开始聚焦社区连锁。

### （四）用德鲁克管理思想提升价值链

聚焦社区连锁这个事业之后，我们要解决事业的核心问题：为了做好这份事业，我们应该去做好哪些最重要的事情？这些要事，应该怎么去寻找？答案是：从顾客最看重的价值，比如顾客的四所——所见、所思、所相信和所渴望的事情中去寻找。我们站在顾客的角度思考：当顾客打算买卤味的时候，最看重的是什么？我们调查发现，顾客特别在意的，第一，是不是好吃，是不是有特色；第二，是不是新鲜、卫生；第三，是不是便捷，方便购买；第四，如果顾客愿意持续购买，要看它是不是卫生、安全、口味稳定。这4个价值要素，不是我们自己拍脑袋想出来的，是去做大量的顾客访谈，去外卖、团购的评论区查看顾客留言得到的。

当我们得出了这4个价值要素后，我们就找出了企业的要事。如果要产品味道好，就要不断进行产品的迭代和研发，研发就成了第一件要事。如果要让产品新鲜、卫生，就需要做好配送体系，保证这个产品生产出来能够及时配送到店，供应链就成了第二件要事。如果要让顾客能随时购买，方便购买，在选址上就要特别讲究，选址就成了第三件要事。如果顾客在意产品的稳定性，环境的干净卫生和食品安全，就要建立运营体系，运营就成了第四件要事。我们从顾客看重的价值出发，找到了事业前期的4个关键要事：研发、供应链、选址和运营。然后分别找到相应的人来负责这4个关键要事，这就构成了公司的组织架构与管理团队。

来谈一谈在这个过程中我们犯过的一些错误。在渠道上，我们觉得要快速把这个市场打开，应该在商圈开一个旗舰店，如果生意特别火爆，那么加盟商就会被吸引过来，市场也就能快速做起来。但我们开了两家店，都失败了，没有火爆的迹象。像奶茶、炸鸡、烤串可以排队，积累人气，从而进入良性循环。但是，买麻爪爪的产品只要一两分钟，买了就走，积累不起人气。在商圈里买了卤味之后，还要带回家，总有些不方便，于是顾客就不太愿意买。这个时候我们才认识到，发力点不应该是一开始就进商圈，试图走捷径，反而浪费了更多的时间和精力。商圈不能快速打开市场，那外卖行不行呢？我们有一个直营店，外卖做得特别好，单纯外卖每个月的销售额都有七八万元。于是，我们就产生了一种错觉，既然外卖可以产生那么多的销售额，为什么不直接做纯外卖？这样对店铺的要求没那么高，房租也便宜，经营管理相对来说也比较简单。于是，我们又开始组织团队开拓纯外卖店，开了5个店覆盖不同的社区，几个月过去了，发现依然是失败的。因为纯外卖需要花钱买流量，还要负担基本的人员工资，采购相应的设备，再加上平台的抽成，利润不高，甚至亏损，这个模式也不成立。最后，我们老老实实回到最笨的办法，一个一个开社区店。七八个店开下来，发现社区店其实盈利很稳定。这样，我们最终确定了渠道方向。

在选址上，我们很早就认识到选址很重要：选址定生死，运营定多少。我们配置了两个人专门做选址，但是效果并不理想。有次带着身边的朋友一起读德鲁克的《为成果而管理》这本书，读到成本结构分析时，我们就把公司的成本结构梳理了一下，惊讶地发现选址的投入只占到了营业额的 0.5%。选址是很重要的一件事，这点投入明显不足，幡然醒悟后加大了对选址的投入，不仅仅是人力的增加，还加大选址的分析工作。我们找了整块时间对选址进行分析，找到它的核心知识是什么，应该怎么分工，怎么制定绩效，从而快速选铺，并避免选的是差铺。业界负责选址的人评估一个铺就拿一定的提成，开店多就意味着提成多，当然开店越多越好，因此差的店铺也被选进来。我们避免这个困局的做法是，将提供店铺信息的工作和评估店铺的工作分离，提供店铺信息的同事按照开店数量算绩效，评估的同事按店铺质量算绩效。选址的核心是顾客购买更便利。我们内部有个面、线、店的选址模型，我们使用这个模型不断训练同事和加盟商。我们有句话是"脚步丈量社区"，只有沿着顾客回家的路多走几遍，我们才能真正体会到什么是便利。掌握这些知识，才能让选址更便于顾客购买。这个体系做好后，麻爪爪每个月都会挑出十几个备选的店铺，新开 6～8 家店。

在供应链上，考虑到食品安全是我们的生命线，还要保证我们的食品新鲜，所以我们自建了工厂，聘请专业管理人员加入团队，来打造样板工厂。供应链与研发人员之间的协作也进入良性循环。在做好了研发、供应链、选址和运营，建好工厂后，麻爪爪就进入了飞速发展期。即便疫情期间，我们依然每个月新开 6～8 家店，最高到达月 30 家店。近 3 年，在竞争非常惨烈的重庆卤味市场，我们从 18 家店增长到 350 多家店，是原来的近 20 倍。店均营收从 4.5 万元增长到 7 万～8 万元，存活率 97%，在拿下重庆市场的同时，培育了队伍。其实我们对增长，还是保持扩张的克制的，因为放开新城市加盟，增长就能快速翻倍。克制源于两方面：

一方面是卤味行业因为供应链限制，打法是区域密集开店而非遍地开花，另一方面在于我们的增长假设。我们认为有三种增长：第一种是肌肉型增长，第二种是脂肪型增长，第三种是肿瘤型增长。肌肉型增长：顾客满意，把一个区域市场吃透，会员数量不断增加，月均复购率增加，组织还能持续发展。脂肪型增长：依赖促销和没有运营支持的多个区域市场店铺数量增加带来体量的增加。肿瘤型增长：不计成本的促销和快招带动多个城市店铺数量增长，没有组织骨骼的生长，很快就会危机四伏，轰然倒塌。我们一直追求的是肌肉型增长方式。

最后，决策事业和要事是需要反馈的。真正做决策时忐忑，不知道方向对不对，怎么办？从顾客端和加盟商端寻找反馈。当顾客在美团评论说后悔买少了，还有顾客在门店一次买八斤凤爪时；当加盟商开了一个店又开一个，他的朋友也来开时，我们知道方向大概是做对了。我们能够确认的是，这个分析套路是符合德鲁克管理思想的底层逻辑的。能够从最开始的纠结到告别过去，再到现在的无比坚定，德鲁克知识体系给我们保驾护航，让我们非常有底气，有信心。

## （五）四个关键

创业艰辛，一路走来，有经验、有教训。有四个关键分享给创业者，希望能够帮助大家少走弯路，多创价值。

第一个关键：选对赛道。标准是机会大，切口小，要聚焦。

选赛道要选机会大的品类。卤味符合这个特征：约有3000多亿元的市场容量，还在增长；顾客已被完成教育，有很成熟的消费习惯；有很长的生命周期。另外，卤味的头部品牌很难一统江湖，因为大部分竞争被便利性、特色等物理隔离，没有网络虹吸效应，无法形成绝对垄断。切口要小，是考虑客户认知与市场供应，要聚焦产品、渠道甚至味道等。产品上，鸡是高频消费的产品，上游产业链完备，电商平台卤鸡爪热销，这些说明鸡爪品类合适。渠道上专注社区，我们认为商圈经济已达到了巅峰，正在衰退；消费者要便利，总得回家，所以中国商业的未来在社区。在口味上，有麻辣、五香、酸辣、甜辣等，我们认为麻辣是最宽的一条路：麻辣烫、麻辣火锅火遍全国证明了这一点，且麻辣是成瘾性味型。所以，我们不断聚焦，组合出了卤味＋社区＋麻辣＋凤爪的商业模式。

　　第二个关键：取个好名字。

　　为品牌取个好名字可以事半功倍，可以极大地降低品牌营销的成本。取名字值得投入时间和精力。什么才算好名字？简短、顺口、易记、有根、有好感。构成名字的字、词是要有认知的，可以提升效率。我们原来的名字叫于加双椒泡凤爪，不容易理解、记住和传播，我们不是很满意。从顾客的角度考虑，容易记忆、能产生联想、愿意讲出来这几个点给了我们灵感，于是改成了现在的麻爪爪，麻辣是特性，爪爪是品类，就更容易理解、记住和传播。一定要重视名字，好名字自己会走路。

　　第三个关键：聚焦成果。

　　德鲁克说：企业的成果在外部，内部只有成本和努力。我们的成果首先是提供给客户的产品和服务。产品如何做才好吃？只有一条路，以顾客为中心，不断推陈出新，观察数据，做出取舍。我是第一代产品经理，麻辣凤爪是我做出的。但第一代产品已经被第二代"柠檬凤爪"替代了。后面又迭代为酸辣凤爪、柠檬无骨凤爪。卤味产品的创新就是要能自我否定，推陈才能出新。如何站在顾问角度做服务创新？有个现实问题：汤汁和作料算不算到产品重量中？我们从客户的心理出发，汤汁和作料不算重量。我们内部有个口诀叫：一抖二挑三浇汁。顾客要买凤爪，先把汤汁漏掉，然后把作料挑出来，过秤后，再给顾客解释，加点汤汁作料更好吃，要不要加一点？顾客嘴里不说，心里会觉得这个商家厚道，我们把漏汤汁减作料这个过程设计好，做好培训，不断核查，保障顾客的购买体验，我们希望购买凤爪是一个美好的过程。

成果还表现在让加盟商成长，让加盟商赚钱。我们内部称加盟商为盟主，把加盟商当成麻爪爪事业的主人。我们让加盟商成长有三个做法：一是严格面试，一度通过率只有5%。也就是每个月收到600个加盟申请，能通过一面二面的人只有30个左右。二是举办盟主读书会，我们带领盟主学习德鲁克的《卓有成效的管理者》，教会他们最基本的管理原则和概念，让他们应用在店铺经营上。加盟麻爪爪，不仅仅是为了挣钱，还能提升管理水平，改善家庭关系、亲子关系，实现加盟商的成长。所以我们读书会有个口号：让身边的一切因我而美好。三是赋能门店。门店是品牌的最小经营单元，门店兴旺，品牌才有未来。选址定生死，运营定多少，盟主是关键，店长是基因。在门店运营上，我们做好QSC（Q——品质

（Quality）、S——服务（Service）、C——清洁（Cleanliness））标准化运营，不断对店长选、育、用、留，培养职业店长。门店不是在创造顾客，就是在毁灭顾客，培养出的店长决定了门店的生死兴旺。让盟主有责任、有能力、能挣钱，加盟才有价值。成就他人，带上自己，传播德鲁克管理思想，成了麻爪爪利他爱人的一种方法。

第四个关键：做好组织建设。

首先，厘清公司的业务和关键领域后，要找到自己企业的使命、愿景、价值观。使命和愿景是回答：你通过什么渠道，为什么样的顾客创造什么样的价值，最终企业可能达到什么样的状态。麻爪爪的使命是：为社区顾客提供好吃、新鲜、便利的麻辣卤味，让天下没有难开的社区卤味店。麻爪爪的愿景是：有社区的地方就有麻爪爪，让社区因麻爪爪而美好。基于使命和愿景，我们找到了企业价值观。我们将其分为三个层级：商业价值观、组织价值观、社会价值观。第一层级商业价值观是我们在商业上坚持的原则，我们去顾客那里找到了答案：好吃，新鲜，便捷。要实现使命、愿景与商业价值观，我们的第二层级组织价值观是：顾客第一，坦诚正直，积极主动，拥抱变化，团队协作，不断更新。这些也来源于德鲁克的现代管理学思想。第三层级社会价值观，有以下三个。一是让企业持续健康发展。企业是汇集了资金、知识和人才等各类社会资源的组织，如果干垮了或者不增长，就是对社会不负责。二是让人才成长。年轻人在企业交付了青春，没有学到知识、实现成长，那是企业的耻辱。三是消除企业运行可能产生的负面影响。比如食品安全要做好，安全生产要做好，环保排污要达标，要依法纳税，缴纳社保，不要通过工作打击人，而是要成就人。

其次，界定关键领域，组建高层管理团队。什么是关键领域呢？影响企业生死和兴旺的领域就是关键领域。比如上面提到：研发、供应链、选址和运营就是我们的关键领域。分别找到这几个领域的负责人，就组成了公司的高层管理团队的雏形。要让每个人对自己的领域负起责任，能够独自做决策，创始人只保留建议权和否决权。一个具有成长雄心的中小企业，要尽早组建管理团队，以便替代一个人的领导。企业不是企业家的孩子，企业应该有自己的使命和成长方向，所以有未来的企业必须建立管理团队来经营。企业创始人要学会退一步观察，给团队成员自主决策的机会，并慎用自己的否决权。

再次，对团队设定目标和自我驱动。过去三年，我每年都会给团队、盟主和供应商、投资人写一封公开信，汇报过去一年的工作开展情况，并同频企业的新的整体目标。同时，每月复盘，围绕拆解的目标不断反馈修正。对于发展的一些关键指标，比如新开店铺数量、店均、畅销品排行等每周都要公示、讨论。组织精神建设的第一个核心词是高标准。我们发现，德鲁克管理思想中的时间管理、贡献成果、用人所长、要事第一、有效决策对团队目标实现及自我驱动有很大的帮助。团队形成外部视角、贡献意识、成果目标，实现价值链的有效协同，发挥优势、抓住机会，为客户创造价值。第二个核心词是强调正直。正直的人对什么是对的，比谁是对的更感兴趣。正直的人不会损人利己，损企利己。第三个核心词是重视员工成长，在我们公司规模很小的时候，我们就带员工和盟主学习《卓有成效的管理者》，这样的读书会看似很虚，实际上可以融合业务，帮助大家打通管理的底层认知，是组织建设中最核心的内容。

最后，团队集体学习成长。组织建设的核心是语言同频。很多企业经营的问题是语言不同频，对同一个词大家理解不同，行事就很难同频。团队共读经典书可以帮我们预装语言系统和底层代码。当然，选书要慎重，要找靠谱的、经过时间检验和企业检验的。我们推崇并受益于德鲁克管理思想。推荐高层学习德鲁克的《卓有成效的管理者》和《管理的实践》，全员学习《卓有成效的管理者》。经典好书，集体反复学习，刻意练习、知行合一。对专业领域，团队共同学习并聘请专业顾问辅导。我们目前有供应链顾问、财务顾问、选址顾问等。我们是个小公司，但一年的顾问费就有300多万元。当然，我们认为很多关键问题，没有顾问能给你答案，需要结合行业现状，用自己的判断力，拿出勇气，做出决策，在奔跑中调整姿势。最后，将内部总结经验及时输出，固化、转化。我们总结了读书会的方法论，并交付给中层，现在我们公司中层都可以带读书会，而且效果很好。团队要定期总结经验，并且将知识固化，转化成成果。

企业经营的是知识，企业之间的竞争从根本上是价值链的竞争，背后是组织能力。组织建设是非常复杂的事情，做好组织最底层的代码是德鲁克管理思想。语言同频，价值链才能协同。在巨变的时代，唯有找到那些不变的事情，才能穿越周期，不断生长。选对赛道，取好名字，聚焦成果，做好组织是不变的事情。未来不可知，唯有用科学的指导思想来指引行动，才能创造未来。

企业会面临诸多挑战，企业无法改变外部环境，应向内求，具有忧患意识、利他思维，学习并践行德鲁克管理思想。

你生而有翼，为何爬行？绝不躺平！

## 学以
## 致用

■ 【学】

请用自己的语言描述本章的要点：

_____

_____

_____

_____

【思】

描述自己企业的相关经验与本章对自己的启发:

---

---

---

---

【用】

准备如何应用? 希望看到的成果是什么?

---

---

---

---

会遇到哪些障碍?

---

---

---

---

## 解决障碍有哪些方法、措施、资源？

---

---

---

---

## 行动计划：

---

---

---

---

# 供应链与销售协同：价值流动

企业经营是端到端的流程，信息从市场中来，产品到市场中去。供应链流程作为企业的命脉，只有脉络通畅，人流、物流、资金流、信息流才能高效地在这个管道体系中运转。

对供应链从业者来说，对其绩效影响最大的职能是销售。随着企业的发展，供应链与销售之间的沟通效果越来越差。有时让人有种感觉，与供应商、客户沟通比企业内部跨部门沟通容易得多。供应链与销售都花了很多时间去"沟"，但"通"的效果却不令人满意。其原因除了沟通双方的性格与沟通技巧外，最根本的原因是部门KPI（关键绩效指标）或关注重点不一致。销售最关注的是业绩，拿下客户、拿下订单、多拿奖金。至于提升预测准确率，哪怕有考核指标，销售仍关心有限，销售业绩好，一白遮百丑；而且销售发现无论怎样做，这项都无法做好，于是干脆战略性放弃。供应链不准时交付会让销售在客户面前颜面尽失且丢掉了进一步的订单机会，销售出于自保就会虚报数量、虚报交期，造成供应链更大范围的交付不准时与库存高涨。很多企业为了解决这个问题，开各种会议，尤其是 S&OP（销售与运营计划）会议，但效果甚微。

长此以往，价值链两大职能就陷入了冲突模式，都觉得对方不专业，都认为自己的业绩不好是受对方牵连的。两个部门要么不沟通，要么沟通起来就吵架，于是两边都是受害者，两边又都是作恶者。

——

# 第一节　供应链与销售协同

## 一、供应链与销售不协同

下面是对 H 企业调研访谈时的发现，这种现象普遍存在：订单准交率很低，库存却很高。

销售：供应链交付太差，好不容易拿的订单，总是交货不准时，客户有很大的抱怨。销售员不敢接新订单，销售员现在有一半时间是在向供应链催货，甚至已经下场自己去开发、协调供应商了。

供应链：销售预测不准，所有订单都是急单，经常插单，造成计划混乱，库存很高。加急生产出来的产品销售又不拉走，说客户有变化，要晚几天。

顾问经调查发现：

销售的问题：由于供应链经常交货不准时，销售应对措施有两个。一是在预测上放大销售量。客户预计要3000，销售担心客户需求万一增加没库存应对，所以给供应链报的数量是4500。二是在交期上压缩时间。鉴于供应不准时，所以销售要给自己留出缓冲时间，客户要求30天交货，销售报给供应链是25天客户就要。万一供应链拖延，还有5天应对时间。供应链按25天交期加班加点把产品生产出来并入库，通知销售。因为未到交货时间，销售说客户通知订单有变，要晚几天收货。对企业而言，一方面多出了产品库存，另一方面造成更多的订单延误，于是更多的销售加入谎报需求的恶性循环中。而很多管理层觉得交不上货是因为产能不够，于是购买设备，增加人员，但如果协同问题不解决、信息虚假继续，产能越大也只是造出更多库存，最后现金流越来越紧张。

供应链的问题：企业要考核采购降本，于是采购引入价格便宜的供应商，新供应商造成的质量问题影响订单交付。企业考核生产部门效率，于是生产部门经常合并订单，将现在不需要的订单先做出来，效率提升，也算降本。仓库则发现库存一堆，仓库地方不够用，向老板申请建二期仓库或改造立体仓，于是库存就越来越多。

一方面订单无法准交，一方面库存高涨、吞噬企业的现金流，这应该是企业最大的问题了，但为什么无法得到企业的重视呢？

一个主要原因是和我们现有的财务准则有关。我们现有的财务体系，尽管经过多年完善，但总的架构是建立在物资紧缺年代下的，直接导致一个突出问题，即在现有的财务体系里库存（存货）是资产。

在物资紧缺年代，库存都能卖掉，库存是资产。现在企业的财务准则仍延续了这个逻辑：库存（存货）在资产负债表里是资产，存货的价值是原料的价值再加上将原料转换为成品这个过程中的附加价值。如果期末存货比期初更有价值，从损益表角度看，就是创造账面存货利润。因为库存在财务报表上就是利润，所以生产部门一定会多生产量大的，采购一定多买，因为便宜。销售也希望多备库存，尽管这些都不是客户想要的。即企业基于内部的效率而非对外的产出做决策。相反，如果你做了一项供应链优化项目，将成品和在制品存货减少80%，但同时服务水平没有降低，在财务核算上反而是企业利润变低。你可能会发现：很多企业在上市前不处理呆滞库存，哪怕已放置超过五年，所有人都知道这些库存没有了价值，并且还占用库房，要支付一系列库存管理成本。但只要不处理，利润就不下降，而处理了呆滞库存，释放了仓库，换来了一些现金流，利润就会大幅度下降。我们不禁要问，这是正常的衡量指标吗？过剩年代，库存随时呆滞，是被吞噬的现金流，是企业的经营风险。此时，库存还是资产吗？

## 二、建立价值链的衡量指标

我们必须找到正确的衡量价值链的指标，指引价值链三军进行协同，激励每个职能去做对企业整体有利的事。通过价值链的衡量指标，使跨部门尤其是销售与供应链之间的沟通与协作变得卓有成效。要找到价值链正确的衡量指标，就要问一个根本的问题：企业的目标是什么？德鲁克先生认为企业的目标是创造客户，但企业必须有利润，才能正常运作，才能为客户、为员工、为供应伙伴创造价值。有忧患意识、秉承长期主义的企业还会更多思考将来如何能获得更大的利润。所以企业的目标是创造客户，是现在和将来都能获得更大利润（持续赚钱）。那么，如何衡量企业现在和将来是否都能获得更大利润（持续赚钱）呢？另一位伟大的企业管理大师高德拉特博士，提出了用"有效产出会计"来评价企业的表现，将赚钱的目标分解为三个衡量指标：有效产出、库存和运营费用。这三个指标的出现，为价值链管理，尤其是为销售与供应链之间的跨部门协作，提供了有效的决策依据。

"有效产出会计"中纯利润与投资回报率的计算公式如下：

$$有效产出 = 销售 - 原材料成本$$
$$纯利润 = 有效产出 - 运营费用$$
$$投资回报率 = 纯利润 / 库存$$

所以，如果想提高纯利润和投资回报率，就得做到：

- 增加有效产出。
- 降低库存。
- 降低运营费用。

（1）有效产出是否增加？

有效产出是外面赚进来的钱扣掉付出去的钱，可以简化为：有效产出 = 销售 - 原材料成本。企业赚钱的过程，是将货送到客户手里，从客户处收来钱。有效产出用全局观，将价值链当作一个整体来看系统的流动性，我们称其为系统的价值流动。增长是解决一切问题的方法，价值流动越快，越能代表企业的健康增长。所以生产出来库存不是有效产出，而是将客户要的货交到客户手里，客户付钱，钱流入企业才是有效产出。当两个客户都抢一批货时，优先保证谁？当两个销售都要货但产能不足时，优先保证谁？不应按谁喊得厉害、谁有关系、谁优秀排谁，而是按有效产出的逻辑建立排单优先级：两个客户都抢一批货，优先保证 VIP 客户（客户分级）；

两个销售都抢一批货，优先保证销售业绩好的（销售员分级）。因为这样才能使企业价值流动增大，保证现在和将来都能赚更多的利润。同时按有效产出建立服务优先级，还有助于管理客户、管理销售，让他们有更好的表现，也有助于销售与供应链部门建立良好的协同规则。

（2）库存是否降低？

库存可以理解成留在组织里的钱。企业要形成三个库存观。一是在产能过剩时期，库存不是资产，而是负债。二是在管理上，库存不是万恶之源，而是万恶之果，是跨部门沟通问题、管理不善与执行错误引发的最终结果。库存掩盖了非常多的管理问题，或者说各个部门管理者用库存掩盖了自己的无能。因为库存是万恶之果，如果不在因上改，很难通过搞降库存运动就能将库存降低。很多企业的降库存运动，是在降库存的指标压力下，将库存来回转移的把戏，比如将自己仓库的原材料库存转嫁给供应商，美其名曰 VMI（供应商管理库存），即供应商送到我们仓库的货产权不算我们的，我们使用多少才算多少库存。其实 VMI 客观存在，库存成本已经发生，羊毛出在羊身上，并不会对企业有什么帮助。三是高库存并不能解决交付问题，将库存转化成有效产出才是我们追求的目标。很多企业的高库存源于一个错误认知，认为提高库存可以解决交付的问题。但俄罗斯方块的游戏告诉我们，库存如果不齐套，该来的没来，不该来的一堆，高库存反而让系统转不动，最后游戏结束。库存要降低，就要把库存转成有效产出。如何转呢，其实企业有一个关键动作：**将仓库面积降到最低。可以试试 6 个月内，将仓库面积减少 50%。**

企业管理者要守住原则：坚决不批二期仓库、立体仓库这类的申请。经验告诉我们，无论你建多大的仓库，到最后都不够用。你准备多大的仓库，就有多少的货将仓库堆满，就有多少现金流被沉淀。企业的目标应该是将货送到客户手里，而不是把货送到仓库里。所以降低仓库面积，没有地方存储货物，就会及时送给客户，增加系统的流动性。H 公司的销售虚报交期，供应链部门加班加点把产品生产出来并入库，销售说客户订单有变，要晚几天收货。这时不妨将货物拉到销售办公室，堆在销售员的办公位，并开始计算资金占用。

下面是在顾问企业中降低库存的几个关键点（有库存问题的读者参考）。

降低库存原则：

- 成品：有效产出为核心，建立出货看板。
- 原材料：以齐套为目标，不齐套不投料。
- 及时处理呆滞：不拖延，吸取经验与教训，追查真因。
- 库龄分析报表：及时预警，信息透明。

各部门的库存职责：

- 市场：S&OP（销售与运营计划）会议。
- 技术：BOM 优选物料库。
- 仓库：目视化，信息共享。
- 采购：订货周期与起订量优化。
- 质量：IQC 必须及时（0.5 天之内）检完，质量关口前移。

（3）营运费用是否降低？

营运费用是流出系统的钱，是企业经营必须支付的费用，如工资、房租等；营运费用不包含材料费用。请注意，营运费用的最大作用是将库存变成有效产出，增加价值流动。不能促成库存转变成有效产出的费用，要省。能促成库存转变成有效产出的费用，要花。

某企业客户的订单需求如表 4-1 所示。

表 4-1　某企业客户订单需求表

| 7月1日 | 7月2日 |
|---|---|
| A 产品，数量 100 | A 产品，数量 100 |
| B 产品，数量 100 | B 产品，数量 100 |

根据此需求表，你会如何排产？

方案一：第一天生产 200 个 A，第二天生产 200 个 B，统一送货。

方案二：第一天生产 100 个 A、100 个 B，第二天生产 100 个 A、100 个 B，分两天每天送货。

你的答案是什么？

方案一：貌似合并生产、合并送货会降低运营费用，但是导致了库存上升，有效产出下降，万一客户订单调整就会造成库存积压。

方案二与方案一相比，有效产出增加，库存下降。可能有争议的是方案二中物流费用增加了。在营运费用上，有非常多貌似省钱的错误做法，为了节约一些物流费用，非得等到大批量时再转移，直接导致库存积压与客户的服务水平下降、有效产出下降。所以能促成库存转变成有效产出的物流费用，要花。还可以考虑，以更柔性的多批次生产、多批次交货的方式，来增加系统的价值流动。至于说换线时间增加的问题，这是制造要改善的课题与提升的能力，比如丰田很早就推行了 SMED 单分钟换模、换线的改善活动。

总结一下，价值链管理的目标是现在和将来都能获得更大利润（持续赚钱），销售与供应链的协同可以用三项指标来衡量：有效产出是否增加，库存是否下降，运营费用是否下降。

### 三、价值流动：瓶颈管理五步法

在明晰了价值链的衡量指标后，在指标的牵引下，我们就可以对价值链进行改善。

价值链是一个系统，所有的系统都存在着一个约束，否则它就可能无限地产出。可以把价值链想象成由一连串的环组成的系统，环环相扣，这个系统的强度取决于最弱的一环，只要最弱的环不改变，其他环的改善对整个系统的有效产出就没有帮助。也就是局部改善不等于整体改善，最弱的那环即瓶颈决定了系统的产出。所以价值链三军要用望远镜纵观价值链全局，找出系统的约束并将其打破，使价值流动起来。该过程可以分为5步：

（1）找出瓶颈，即系统的卡点，这往往是组织内最忙、最容易被指责、很多人要等待它的一个资源。

（2）挖尽瓶颈，瓶颈休息一分钟，就意味着这个系统全员休息·分钟，所以要减少瓶颈的时间浪费。

（3）迁就瓶颈：所有非瓶颈全力配合瓶颈，按瓶颈建立系统的节奏。

（4）给瓶颈松绑，释放瓶颈，增加产能。

（5）从头再来：持续改进。

## 四、价值流动：产销模型

销售与供应链之间有一个很有意思的抱怨怪圈：销售抱怨供应链交货不准时，供应链抱怨销售预测不准。在互相抱怨当中，两边都得到了绩效不好的外部借口。有很多企业的销售预测准确率不高，有的准确率只有20%～30%。其实就算按预测准确率60%（这个水平已经算高了）来备货，也会有40%的订单交付不及时，40%的库存积压。而且未来的大趋势是越来越不确定，预测准确率就会越来越低，如果这样，一直抱怨销售预测不准，除了在心理上得到慰藉，对企业、对价值流动不会有任何帮助。

　　那怎么办呢？分类管理。不要用一种方式应对所有的需求与订单。将需求与订单进行分类，以 SKU 作为颗粒度，通过需求稳定性分析决定产品最合适的产销模式，建立销售与供应链之间的备货规则。

　　因订单满足前置时间不同，产销模型有四种模式（见图 4-1），分别是按库存生产（make to stock，MTS）、按单装配（assemble to order，ATO）、按订单生产（make to order，MTO）、按单设计（engineer to order，ETO）。

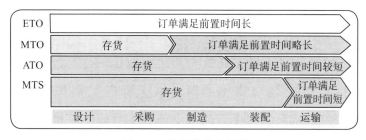

图 4-1　产销模型示意图

　　MTS 也称备货制，指企业提前生产一定的成品库存，即"设计＋采购＋制造＋装配"环节已提前完成，客户一要就开始交付，库存消耗掉一定量再生产补充安全库存，始终保有一定的安全库存。优点是交付快，客户不需要等，缺点是企业要承担一定的库存。超市里的大多数产品都属于 MTS 模式。

ATO 指企业提前完成设计、采购、零部件的加工制造，当客户的定制定单到来时，可以迅速按订单的要求装配定制的部分，再发货给客户。ATO 是尽可能将标准化的工作提前完成，然后按照客户需求在最短的时间内组装出满足客户需要的产品。

MTO 指企业接到客户订单后，根据客户原先的设计制造客户所需的产品。为使生产更顺利，MTO 模式应最大限度推行物料的标准化、通用化设计，这样可以提前备通用原材料库存，缩短订单交付周期。

ETO 指企业按照客户的要求来设计，为客户量身定制，所以这些产品有可能只生产一次。ETO 模式包含设计、采购、制造、装配、运输全过程，所以往往交付时间最长，并且生产批量小，每一项工作都要特殊处理，所耗用的资源很多。很多新客户、新产品都要走 ETO 模式，所以企业不可能没有 ETO 模式，但要评估 ETO 的经济价值。

价值链的总目标是尽可能做到：客户要，企业就有，同时库存最合理。产品的需求稳定性不同，企业就要以 SKU 作为颗粒度，通过需求稳定性分析，按销量大小与波动大小将所有的 SKU 分成四大类，如图 4-2 所示。

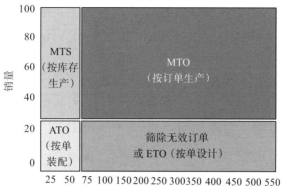

图 4-2　SKU 四种分类

如果 SKU 销量大，波动小，对企业来说是主打产品，客户必点，销量稳定，产销模式应为 MTS。

如果 SKU 销量小，波动小，产销模式应为 ATO。

如果 SKU 销量大，波动大，则适合 MTO。

如果 SKU 销量小，波动大，不稳定，则适合 ETO。在一定时间内分析价值，低价值的 SKU 可以考虑淘汰。

注意，因为目的是安排生产，所以销量指的是销售数量而非金额，波动则是指在一个时期内销量与平均值之间的差异。

饭店是应用产销模型的典范，饭店老板不太容易从客户那里要到预测，而且客户几乎都在同一个时间段下单，都是急单。饭店老板尽管没有上升到理论高度，但交付快的都是应用产销模型，建议其他行业向饭店学习产销模型。

一个以小龙虾为特色的饭店，通过菜单引导客户哪些是必点：主打小龙虾、小菜、米饭，走MTS模式，提前做好一部分成品库存，客户一点，立即端上来，低于一定量，后厨再做，用于补货。麻婆豆腐之类，销量大，波动大，走MTO模式，为了保证快，原料要标准化、通用化，设定原料安全库存，豆腐既可以做麻婆豆腐，也可以做鱼头豆腐汤，原料不会积压过期。客户点的辣有三个选项，这是有定制要求，这时走ATO模式。重要客户偶尔点个大龙虾，菜单上没有，这时走ETO模式，老板会问清楚客户：想要多大的大龙虾，准备怎么做？时间有点长，能不能等？这些信息确认完后，打电话让水产批发供应商送货，加工，最后上桌。一年统计下来发现只有几单，最后决定将大龙虾这个SKU淘汰。无论是MTO，还是MTS、ATO、ETO，企业销售都要加强对客户的引导，销售与供应链部门一起分析，用什么产销模式最合适。

价值链的目标，是让企业现在和将来都能获得更大利润（持续赚钱）。为此，要实现价值流动。关于价值链的所有决策，都可以问如下 3 个问题：

（1）有效产出是否增加？

（2）库存是否减少？

（3）运营费用是否减少？

## 第二节 价值流动：福临门世家的实践

广东福临门世家是一家研发、制造与销售一体化的门窗企业。门窗行业是市场分散、竞争激烈的行业，受房地产市场影响很大。福临门世家通过学习，提升团队认知，以价值流动、有效产出为团队共同目标，从而在逆境中实现增长。本文是对福临门世家创始人梁晓东实践的分享，他曾被评为"中国建筑材料流通协会 30 周年行业功勋人物""深圳家居 40 年 40 人"。

### 一、遭遇发展瓶颈

门窗行业是市场分散、竞争激烈的行业。福临门世家始终认为，产品力是根本，因此在产品研发创新上加大投入，经过 17 年在产品研发上的深耕，福临门世家解决以往普通玻璃透光不隔热的世界难题，成为恒温健康门窗发明者、恒温门窗国家标准的提出者，先后荣获国家高新技术企业、广东省名牌产品、广东省专精特新企业、门窗行业十大品牌等荣誉称号。

依靠福临门世家产品的"创新的恒温健康门窗"定位，福临门世家有过一段高速发展期，但从 2019 年，中国经济发展进入新常态，福临门世家与行业中的其他企业一样，陷入存量博弈，遇到了发展瓶颈，企业增长乏力，主要表现在 4 个方面。

第一，有销量无利润。我们以前认为产品多，接单多，就会多赚钱，但是我们逐渐发现企业陷入有销量、不赚钱的局面。加班多、会议多、吵架多，很辛苦，很累，但利润反而变得更少。

第二，库存多但经常缺货，缺少有效的库存管理方法。当时一个月销量 200 吨，库存就有 800 吨，客户要的没有，客户不要的一堆。当时我们有个错误认知，认为生产越多，赚得越多，于是钱就变成了库存。

第三，交期长且不准，客户满意度低。生产经常会遇到缺料不齐套的情况，导致交期延误，最长延误一个多月。交期不准，客户满意度很低。

第四，采购团队能力薄弱。采购没有管理，缺什么买什么，数量随意，计划混乱，供应商关系与协同配合也很差。

## 二、契机：团队学习、改变认知

改变契机来自创始人的一次学习，这次学习改变了大家对增长的认知。创始人先学习了姜老师的供应链课程，尤其是价值流动的部分，很受启发。他觉得团队认知要同频，于是组织了公司的所有高管一起再次学习，建立目标共识。这些共识，把复杂的管理简单化、系统化，以目标作为牵引，分解衡量企业整体的共同指标，打破部门墙，建立增长的体系。团队学习后，对目标系统达成以下共识。

（1）企业的目标：现在和将来都能获得更大利润（持续赚钱）。

（2）如何做到现在和将来都能获得更大利润（持续赚钱）？用三个指标来衡量（有优先级顺序）：①有效产出要增加；②库存要下降；③运营费用要下降。

（3）在有效产出上，团队达成共识：销售卖出不一定是有效产出，生产出来不一定是有效产出。把客户要的货交到客户手里，客户付钱，钱流入企业内才是有效产出。当两个客户都抢一批货时，优先保证 VIP 客户（客户分级）；当两个销售都抢同一批货时，给上个月的销售冠军（销售员分级）。这样判断有效产出、建立订单优先级规则，销售与供应链共同按有效产出去协同，企业的价值流动系统就建立起来了。

团队始终思考：为了达成有效产出增加、库存下降、运营费用下降的目标，我们要改变什么，改变成什么，如何让这种改变发生。

（4）寻找瓶颈，并解决瓶颈的制约要素。团队一起找瓶颈，挖尽瓶颈，非瓶颈全力配合瓶颈，给瓶颈松绑，不断循环改进。

有了这个简单而有效的价值流动系统，企业方向开始清晰，目标开始聚焦，团队力往一处使，改变很快就发生了。下面是具体的做法。

## 三、增效降本三板斧

在顾问姜老师的指导下，福临门世家团队开展了"增效降本三板斧"活动。

第一板斧：针对有销量没有利润的问题，狠抓有效产出。

分析影响福临门世家有效产出的关键因素，主要有原材料不齐套、缺乏排产优先级与预警机制、品质问题、瓶颈工序这四大因素。针对这四大因素，以有效产出增加为目标，分别制订改善计划。

（1）影响有效产出的第一个因素，是原材料不齐套。我们原以为仓库里的货备得越多出货就越好，月库产比（月库存与月生产量之比）高达4：1，但是出货问题依然频出，原因就是原材料不配套，最终不仅影响出货，还消耗了大量的现金流。如何做好库存齐套呢？我们用的方式并不复杂，具体做法是：用历史数据进行月度分析，去掉最高和最低使用量，平均得出来的数乘以2（即库产比先调为2：1）作为我们的安全库存。物料库存量大的暂时不再采购，库存不足就采购补足。很快物料就开始齐套。物控严格盯住每天的使用量，遇到用量增加的，及时通知采购补充库存。

（2）影响有效产出的第二个因素，是缺乏排产优先级与预警机制。缺乏优先级，系统就混乱，插单、抢产能就会发生；缺乏预警机制，就不知道订单状态与物料优先级。针对这个问题，我们引入了红黄绿灯预警机制，产品排期严格根据主计划进行，PMC（生产计划与物料控制）部门负责生产计划的制订与跟进，在整个生产工序中运用红黄绿预警机制，即按紧急程度将订单分为红、黄、绿三种颜色，再依据红色＞黄色＞绿色的优先级来确定需要订货的轻重缓急。红色表示当下最需解决的物料，黄色表示需要关注，绿色表示存量充足，这样就非常清楚了。比如说一旦见到红色的订单，大家就得优先做。如果是绿色的订单就可以稍微往后排一排。这种库存管理模式，一目了然，工作人员只需要管理那些颜色异常的就可以，省时省事，并且减少了大量的沟通与协调管理成本。

（3）影响有效产出的第三个因素，是品质问题。品质引发客户投诉，还会影响客户的转介绍，造成大量的返工与排产混乱，所以福临门世家始终把品质提升当成企业最重要的工程。如何快速提升品质，福临门世家在这个过程中摸索出了一个简单而有效的实践：后工序对前工序进行复检，并对发现问题的员工给予双倍奖励。这个方案出台后，全工序重视品质，全员参与品质改进，大大提高了产品的一次通过率。通过这个方法，福临门世家产品的一次通过率从原来的 95% 提升到了 99.5% 左右。在出厂前把品质问题解决，到达客户的问题就会少很多，不仅提高了有效产出，同时也降低了费用。这个方法在公司推行了几年，效果明显。

（4）影响有效产出的第四个因素，是瓶颈工序。门窗工艺非常复杂，又是定制产品，部分工序产能就会遇到瓶颈，这个时候产品都卡在这里，就会导致有效产出的降低。所以，瓶颈点的管理非常重要。我们用找出瓶颈→挖尽瓶颈→迁就瓶颈→松绑瓶颈→回头再来的方式进行管理。团队思考解放瓶颈的方法，比如在该增加人手的瓶颈增加人手，转移瓶颈的负荷，齐心协力保证有效产出。通过瓶颈管理五步法，我们提升了有效产能，保证了有效产出。

第二板斧：降库存。

我们经常会有一个误区，以为产量越大，赚得就越多。但其实不是这样的，客户需要的才是有效产出，客户不需要的就是库存，就是成本。在降库存上，我们在产品线上做了比较大的举措，就是砍掉 SKU。

我们对以往销售的产品做了仔细分析，发现畅销产品只占 20%，畅销款式也仅占 20%。剩下的 80% 不仅把其他产品的利润率拉低了，还产生了大量库存。所以，降库存很重要的一点，就是决定不做什么。我们根据趋势，判断这个产品到底有没有前景，如果没有，就坚决砍掉，我们砍掉了80%左右不好卖的产品。将原来800吨的库存降低到了500吨，当时的月用量为200吨，库产比为2.5：1。2021年我们继续优化，库存品只有400吨，月用量为300吨，库产比降到了1.3：1，最终库产比达到0.8：1，也就是说，月用量300吨，库存只需要240吨。库存降低了，占用的资金也少了，就多出了一部分现金流。同时，不断淘汰滞销的产品，当废料处理，这样又降低了资金的占用成本。

第三板斧：降低运营成本。

我们通过成本支出分析，聚焦前两大运营成本的降低，有效降本增效。

（1）降低采购成本。降低采购成本主要通过两个方法：一是用现金购买，有较大的议价权；二是增加采购员，做供应商管理，开发新供应商，通过竞价让原有的供应商自动调价。通常我们会判断趋势，分析走势，提前锁定价格。部分材料涨幅过大，没法锁定价格，就采用现金购买的方式。钱从何处来？去掉滞销库存和降低库存量节省的资金。要把钱花在刀刃上！然后，开发新的优秀供应商，加强供应链建设。我们给优秀的供应商写表扬信，进行精神激励，取得的效果比现金还好，供应商非常认可，感受到了被尊重，协作更好。在原材料价格不断上涨的情况下，2020 年采购成本节省了 59.6 万元，2021 年节省了近 150 万元。在降本激励上，我们将节省资金的 10% 作为对采购员的奖励，采购员的积极性被调动起来了。

（2）降低展会支出。在学习之前，我们每年要花 400多万元做展会，但通过分析，发现实际很多展会是无效的。2019 年学习后，通过分析退掉了部分无用的展会，全年只花了 190 万元展会资金，节约了 210 万元。2020年和 2021 年不再参展，通过其他更有效的方式精准招商，取得了不逊于展会的效果。这样，省下来的资金就是净利润，同时也降低了销售费用。2019 年福临门世家的销售费用比为 10%，目前降到了 5.9%，效果反而更好。

通过增效降本三板斧，在疫情压力、行业萧条的情况下，福临门世家实现逆势增长。

（1）有效出货：2020 年较 2019 年增长 30%，2021年较 2020 年同期大幅增长了 60%。

（2）降低库存：库产比之前是 4 ∶ 1，现在是 1.3 ∶ 1，并且增加了 1800 万元的现金流。

（3）准交率：2020 年为 95%，2021 年为 99.5%。

（4）品质合格率：2019 年为 95%，2020 年为 98%，2021 年为 99.5%。

（5）采购降本节约金额：2020 年节约 59.6 万元，2021 年 1 ～ 9 月节约 122.7 万元。

（6）销售费用比：2019 年为 10%，2020 年为 7.5%，2021 年为 5.9%。

## 四、心得总结

福临门世家之所以能逆势增长，关键是团队共识的方法论＋落地执行。

第一，每天早会宣贯，督促大家持续进步。我们每天都要开早会，公示昨天的有效出货量，离我们的目标还差多少，今天的任务怎么实现等，每天开会讨论，关注点都是如何达成有效产出，不断改进。

第二，绩效与目标挂钩。销量要通过最终的有效产出作为结果将钱收回来。我们的一个重要的 KPI 指标就是有效出货，即把钱收回来，全员的绩效都要跟这个指标挂钩，所以大家的目标一致。以前各个部门之间彼此博弈，相互抱怨。现在遇到问题，都是大家一起想办法解决，一起突破瓶颈。比如当出现产品不齐套时，大家都会想方设法在24小时内实现齐套，一起努力把产品做出来。现在大家都会主动推进，因为只有齐套了才能达成有效出货，才能完成我们共同的目标。

第三，团队同频，共同学习。仅创始人一人懂是不行的，还要整个团队同频，大家达成目标的统一和思想的统一。所以，要学习，一定是团队一起学习，一定要学正确的、科学的、简单的方法论。姜老师给了我们一个有效产出的培训视频，我们工厂的管理者看了不下30遍，所以有效产出的观念是团队共同的信念。

企业未来面临的竞争是价值链的竞争，关键是让员工、团队知道"增加有效产出、降低库存、降低运营费用"三大路径。企业根据各自的情况，研究透，找到切实可行的解决方法，相信大家在未来的业绩都会实现增长。

学以
致用

■ 【学】

请用自己的语言描述本章的要点：

-----

-----

-----

-----

■ 【思】

描述自己企业的相关经验与本章对自己的启发：

-----

-----

-----

-----

✍ 【用】

准备如何应用？希望看到的成果是什么？

-----

-----

-----

-----

会遇到哪些障碍？

-------------------------------------------------------------

-------------------------------------------------------------

-------------------------------------------------------------

-------------------------------------------------------------

解决障碍有哪些方法、措施、资源？

-------------------------------------------------------------

-------------------------------------------------------------

-------------------------------------------------------------

-------------------------------------------------------------

行动计划：

-------------------------------------------------------------

-------------------------------------------------------------

-------------------------------------------------------------

-------------------------------------------------------------

# 销售与研发协同：产品（SKU）优化

企业发展初期，为了占领更多市场，不停地研发新品、扩展新的领域，企业也确实尝到了产品多样带来的销量增加的甜头，于是产品种类越来越多。最后，企业陷入通过增加产品种类，实现业绩增长的固定思维。以至于后来，产品多到连企业自己都搞不清楚这款产品是不是自己生产的。

你所在的企业的产品（SKU）是不是也很多？在信息化系统里有多少个产品或SKU？赚钱的有多少个？亏钱的有多少个？给客户创造价值、有未来的有多少个？缺乏竞争力，耗费大量企业资源的是哪些？哪个部门是产品（SKU）规划与管理的真正权责部门？这些都是企业在做产品（SKU）管理的时候必须思考的问题，听市场的反馈，看具体的数据，才能有效管理产品，给企业创造真正的价值。

——

## 第一节　产品（SKU）优化分析

产品是企业满足客户需求、创造客户价值的载体，产品管理是价值链管理最重要的任务之一。但遗憾的是，很多企业有产品但无管理，只管生，不管养，造成产品线杂乱无章，产品野蛮生长，SKU泛滥。企业资源有限、能力有限，将有限的资源与能力投入众多的产品（SKU）时，会导致产品力低下，对外不能给客户创造更多价值，客户满意度低；对内让供应链疲于奔命，计划频繁变更，交付差、库存高、质量差、成本高，供应商配合困难。内、外互相影响，企业就陷入了增长困境。

### 一、供应链问题的背后

西北某啤酒企业要做供应链培训，高层希望帮忙解决以下供应链管理问题：

（1）交付不好，客户要的经常缺货。

（2）库存积压，成品、原材料库存堆积如山，每年都有大量呆滞库存要报废。

（3）供应商配合度低，好的供应商不愿合作，差的供应商交付与质量总出问题。

（4）企业总成本无法降低，利润逐年下滑。

经过我们的深入了解发现，虽然这些问题在供应链端集中爆发，但根本原因却并不在供应链端，而在产品（SKU）管理。这家企业 SKU 的数量没有人能说清楚，啤酒 SKU 由品牌、品项、度数、瓶子、容量、颜色等几个维度组合而成，该企业啤酒度数有 6 度、6.5 度、7 度、7.5 度、8 度、8.5 度……每隔 0.5 度就一个品规；容量有 300 毫升、330 毫升、450 毫升、480 毫升、500 毫升、518 毫升、600 毫升、640 毫升、700 毫升；瓶子分为玻璃瓶与易拉罐，玻璃瓶又分为高白、普白、翠绿、棕色、浅蓝 5 种颜色……这么多要素组合，造成 SKU 泛滥，一年内采购过的纸箱就有几千种。该企业营销部门曾发过一篇软文：××企业啤酒有多少种？据说只有 0.0000001% 的当地人全喝过。

但如果只有这么低比率的人全喝过，我们不禁要问：

搞出来这么多产品花样，除了给自家企业增加成本、增加运营的复杂难度，给社会造成资源浪费之外，这么做给客户、给社会创造了什么价值？

## 二、产品（SKU）泛滥的危害

企业产品（SKU）泛滥，问题往往出在认知上，很多企业管理层没有意识到 SKU 泛滥的危害。

（1）拉低企业利润。帕累托法则（即二八定律）告诉我们：企业 20% 的 SKU 贡献了 80% 的利润，剩下 80% 的 SKU 贡献了 20% 的利润。一个企业 SKU 数量越多，低利润与亏损的长尾 SKU 就越多。每个 SKU 都有一条供应链在支撑，都要消耗企业资源，比如图纸、模具、样品、包装、试生产、仓库、运输、货架、尾货与呆滞库存。如果无法达到预定销量，稍有不慎，就会亏钱。在餐饮界有个共识：菜单越厚，利润越薄。

（2）降低客户满意度，造成客户流失。信息大爆炸时代，客户面对海量 SKU，无法快速有效选择。为什么现在直播带货很火，就是因为消费者面对海量产品信息无法甄选，于是将选择权交给了自己信任的大 V 或意见领袖。在供应链运营上，产品 SKU 泛滥造成交付慢、产品性价比差，客户体验不好，就开始流失。就像去饭店的体验：菜单越厚，点菜越慢，上菜也越慢，有的菜不好吃，客户以后就不来了。

（3）让销售变得混乱。销售人员往往不是产品专家，SKU越多，越难向客户说清楚SKU之间的差异，无法有效引导客户。有的企业对销量差的产品要求重点推广，销售花费更多的推广资源，包括陈列、广告、促销。对外，购买后客户满意度低，影响复购，透支信任；对内，预测准确率越来越低，企业内部交期确认困难。销售最怕客户问：货什么时间能到？

（4）供应链效率变低。每个产品或SKU背后都有一条供应链做支撑。企业资源有限，产品越多，资源越分散，产品性价比越差；系统越复杂，预测准确率越低，计划多变；订单急，客户要的没有，客户不要的一堆。

（5）供应商协作困难，计划频繁调整。供应商接到的订单都是急单、量小，还经常变更甚至取消，容易产生呆滞库存，占用大量供应商资源。优秀供应商纷纷离去，只剩下能力与绩效很差的供应商。

（6）浪费社会资源。SKU泛滥造成了大量呆滞库存，消耗地球资源，却未创造价值。处理这些呆滞库存还得付出额外的成本，不符合绿色供应链、可持续发展的要求。

SKU泛滥让企业运营复杂、效率变低、利润变低，但企业如果认知上不去，企业越亏损，越会觉得是现有产品不行，就会推更多新的产品，上更多SKU，企业就陷入恶性循环。

## 三、产品（SKU）泛滥的原因与对策

### （一）管理层的认知停留在紧缺时代，贪"多"

企业产品（SKU）泛滥，一个重要原因是管理层的认知停留在紧缺时代。紧缺时代，多做产品，多给客户选择权，就会有更高的市场占有率与市场营收。企业做多元化、推出更多的产品，由于供小需大，成功率会很高。同时在成本降低上，肥水不流外人田，能自己干的，就自己干，所以一个大集团内会派生出非常多的相关产业，早期的国有企业尤为明显。在农村，则表现为多数农户除了种各种庄稼，还同时养猪、牛、鸡、鸭、鹅、狗等。

管理层应认识到，紧缺年代随着工业革命已经结束，中国现在已进入后工业时代，在全球范围内，很多行业产能过剩。产品泛滥而消费者心智空间有限，企业的有

限资源必须聚焦，产品做专、行业做深，占领用户心智。Less is more，少即多。在 10 个市场分别有 1% 的渗透率与在 1 个市场有 10% 的渗透率，100 款产品卖到 1000 万元与 1 款产品卖到 1000 万元，在成本与利润上截然不同，体现的竞争能力也不可同日而语。什么都做，意味着什么都做不精，既不能给客户带来更多价值，又在多个领域面临竞争。所以国有企业纷纷甩掉包袱，聚焦主业。而农村家庭开始转型为专业户，专门养猪、养鸡甚至发展成超大企业。在企业端，不要试图照顾所有客户的所有需求，不要贪多求全，不要想赚所有的钱，反而要追求在细分领域，要么第一，要么唯一。优衣库创始人柳井正说：要用十分之一的产品数量打败对手，就必须在每一种产品中注入十倍的能量，提升精度和品质。利用最强的产品，向顾客展示"购买理由"。

### （二）企业导向，仍停留在以销售为中心

很多企业，仍然是让销售指挥价值链中的产品与供应链。很多企业口里喊着以客户为中心，但因离客户太远，落地就变成以销售为中心。甚至有些企业的口号是：一起满足市场（销售）。销售要啥，企业就得给啥。企业

初期要先活下来，市场是制约企业发展的瓶颈，产品与供应链不是瓶颈，产品与供应链就必须以市场为中心，而销售可以看到市场机会，接触客户需求，所以产品与供应链部门就必须迁就销售。但很多企业的销售人员在产品上并不专业，无法有效引导客户，而是不断询问客户的需求，客户给出的有可能是伪需求，但销售人员无法甄别，甚至根据竞争对手的产品动向，向企业传达产品立项指令。还有的销售无能，就希望自己有独一无二的差异化的产品，于是频繁要求增加品种，不断换包装，产品就越来越多。

企业在导向上，一定要认识到，随着企业的发展，客户越来越多，订单越来越多，瓶颈就从市场转到了供应链，而制约供应链效率的就是过多的产品（SKU）。同时，过多的SKU造成客户选择困难，客户更希望你是专家，主动引导客户。真正的专家懂消费者心理学，有时不给客户选择，可能是最好的选择。所以，这时必须从以销售为中心，转到供应链与产品以客户为中心，为客户创造价值。产品研发部门要给销售做产品培训。另外，给销售部门制作产品菜单，让客户很容易"点菜"，销售人员做好客户服务即可。

### （三）企业的创始人对研发人员错误地考核

很多创业公司的创始人就是企业的首席产品经理，创始人的直觉与灵光乍现也让企业多了很多产品，而企业里没有人能与创始人抗衡。最可怕的是企业销售下滑，老板觉得是自己的产品不够多造成的，寄希望于研发新品，那么产品就会越来越多。好处是老板花自己的钱，有自我纠正的动力。

还有企业错误地考核产品部门的工作量，认为产品部门的工作就是创造产品。如果企业每年都考核研发部门的新品数量，研发部门就会在老产品上修改一下，这样就多出了一款新品，研发部门没有意识到它的修改会涉及一个产品整个生命周期的成本：开模、打样、试生产、包材等，而且造成系统的复杂度上升。还有一部分是研发人员闭门造车，做出自己满意但没有市场需求的产品。无论是领导拍脑袋，不专业的销售传递来的客户需求，竞争对手的产品动向，还是对研发的数量考核或闭门造车，都有可能让一个又一个的产品出生，但生完谁来"养"，如何"养"，"养"不活怎么退却不知道。最后就成了集体不负责，让供应链背上了锅。

问题在供应链环节爆发，根源却在产品规划环节。

有上述问题的企业，应从打乱仗的忙碌中停下来，从源头思考，如何规划与改进。企业要导入产品管理的科学方法论，定期对产品进行梳理与优化，通过复盘，建立从生到"养"到退市的产品全生命周期管理。

## 四、梳理产品、系统建设产品管理能力

企业产品按从属关系，从上到下可以分为：产品组合、产品线（又称产品大类）、产品（又称产品项目）与SKU 四级。产品组合是指在一个特定时期，企业所经营、生产或销售的全部产品的组合，目的是从整体上研究企业产品组合的关联度、有效性与竞争优势。在产品组合中，具有密切关系，产品功能、用途、目标客户群体、销售渠道等相通或相似的一组产品称为产品线。比如宝洁公司将众多产品归属 3 大产品线：美尚产品线、健康产品线和家居产品线。我们熟悉的海飞丝、飘柔、沙宣、玉兰油属于美尚产品线；佳洁士等属于健康产品线；金霸王、帮宝适、汰渍则属于家居产品线。小米公司则拥有手机、电视、笔记本、穿戴耳机、音箱家电、智能路由器、电源配件、健康儿童、生活箱包产品线，加之正在进军的汽车等产品线。企业拥有产品线的多少称为产

品组合的宽度，宝洁产品组合宽度为3，小米产品组合宽度为11。企业如果希望扩大新兴市场、做大营收，产品组合的宽度就会不断延伸；如果企业希望做深市场、做强利润，则会聚焦产品线，将其做深。

在产品线（产品大类）内由价格、功能及其他相关属性来区分的具体产品，称作产品项目或产品（项目过程中的称为产品项目，完成的称为产品）。比如手机对华为来说是产品线或产品大类，而华为P50则是具体的产品，而P50这款产品内不同的颜色、配置、产地等属性的不同组合，形成一一对应的商品编码，这些商品编码称为SKU（stock keeping unit），即库存进出计量的最小单位。SKU对应的是具体的销售商品。如华为P50有如图5-1所示的组合，至少可形成72（=2×3×2×2×3）个可销售的SKU。

图 5-1　华为 P50 的多种组合

可将从属关系再按时间线分：昨天的产品组合、今天的产品组合、明天的产品组合。昨天的产品组合为企业提供经验与教训；今天的产品组合为企业提供营收与现金流；明天的产品组合为企业提供竞争优势与增长路径。对昨天与今天的产品进行复盘总结与能力提炼，洞察未来的趋势变化，以独到的战略眼光与思维，布局明天的产品组合，这决定了企业未来的命运。

产品管理则可分为：战略规划与产品规划、产品及技术研发、产品生命周期管理三个部分。战略规划与产品规划是源头，解决企业产品整体的规划，重点是要不要、要哪些的问题，是"准生"；产品及技术研发则是产品的具体实现过程，重点解决产品好不好的问题，是"优生"；产品生命周期管理则解决各个产品全生命周期的养、老、病、死的管理，是运营与改进。纵观中国企业，普遍重视产品及技术研发，但对战略规划与产品规划、产品生命周期管理重视不足。

表 5-1 是企业对产品进行系统分析的一个工具，要求针对现有产品依次回答表格中的问题。

表 5-1 产品系统分析工具表

| 问题 | 针对产品回答 |
| --- | --- |
| 1. 什么样的产品是客户需要的？ | |
| 2. 以什么样的价格销售？ | |
| 3. 通过什么渠道销售？ | |
| 4. 卖给什么样的客户？ | |
| 5. 最好的客户是什么类型的？ | |
| 6. 客户最想要的是什么？ | |
| 7. 客户最不满意的是什么？ | |
| 8. 利润如何，现金流如何？ | |
| 9. 3～5年会如何，变好还是变坏？ | |
| 10. 有哪些重要外部资源需要整合？ | |
| 11. 如何进行整合与价值挖掘？ | |
| 12. 现在哪些工作是有成效的？ | |
| 13. 哪些工作是无成效的？ | |
| 14. 我们的新决定是什么？（砍掉、优化或是加大投入） | |

## 第二节 产品（SKU）优化实践

企业降本增效最快的方法，是优化产品（SKU）。对产品进行"瘦身"，砍掉那些利润为负、不给客户创造价值、没有未来的产品。聚焦优势资源，打造爆品，使企业具有了市场话语权和规模化采购议价能力。让少数产品成为细分行业的第一。

开启产品（SKU）优化的契机有两种：一是高层觉醒，逆境变革；二是项目组推动。高层觉醒，逆境变革往往是自上而下的一场大革命，风险高，需要领导者审时度势的智慧、破釜沉舟的决心、快刀斩乱麻的破局运动。这方面国外有起死回生的苹果，国内有逆势起飞的美的。而项目组推动，则是通过组建强有力的项目组，进行数据分析，拉通各个部门的共识，渐进式、系统性地推动与建设。

## 一、苹果高层觉醒，逆境变革：大刀砍冗品，聚焦做爆品

1997 年的苹果公司，市场占有率、营收、利润严重下滑，已处于破产边缘。当有媒体问苹果公司应何去何从时，竞争对手戴尔公司的创始人说："假如让我来做决定，那我会关门歇业，然后把钱还给持股人。"面对困境，苹果公司的董事会被迫请回了创始人史蒂夫·乔布斯。当时苹果公司拥有服务器、打印机、台式机、笔记本电脑、操作系统等众多产品线，每个产品线又有多个型号，每个型号又有多个版本，每个版本又分为不同的编号，光是 Mac 产品就有十几个型号及让人困惑的编号。乔布斯让团队解释了三个星期，还是搞不明白。他问了一个最简单的问题："我应该让我的朋友们买哪些产品？"

仍无法得到满意的回答后，他决心开始大刀阔斧地砍型号和产品。

在一次大型产品战略会议上，乔布斯画了个十字，组成四个象限："消费级"和"专业级"代表用户层面；"台式"和"便携"代表产品层面。产品部门的工作就是做这四类伟大的产品，乔布斯大刀阔斧地砍掉了 70% 的产品线，包括多种型号的台式机、所有的服务器、打印机以及牛顿掌上电脑，又砍掉了 90% 没有特色的产品。他说："无数的产品，大部分都是垃圾，由迷茫的开发团队制造。不应该把时间浪费在这样的垃圾产品上。"苹果的工程师和管理人员高度集中在四个领域，集中精力打造完美的用户体验。聚焦精品后，1998 财年，苹果扭亏为盈，实现赢利 3.09 亿美元。

随后，乔布斯逐年推出了 iPod、iPad、iPhone 等跨时代的产品，并将软硬件打包成苹果商店，形成苹果的产品组合。为了不让客户在选择时有障碍，乔布斯坚持产品极简原则。开发 iPhone4 时，他只有一个要求："把最复杂最强大的功能最简单化。"颜色非黑即白，存储容量只有 16G、64G、128G 三种。当销售反馈市场希望增加 32G 的版本时，乔布斯坚定拒绝。理由是一旦增加

32G 的版本，消费者就会出现选择困难。在当时的三款产品中，128G 特别贵，16G 不够用，从而衬托出 64G 的高性价比，64G 就成为主力型号。乔布斯对所有产品都有生死一问：我应该让我的朋友们买哪些产品？砍掉没有希望的产品线，聚焦在核心产品上，成就了今天如日中天的苹果公司。

## 二、美的：产品聚焦，逆势飞扬

美的集团是国内大型家电企业，美的曾经以营销牵引，通过各个事业部齐头并进来实现高速发展，哪样产品好卖就可自行决定上马。2011 年，美的产品的型号多达 2.2 万个，连美的副总裁也直言："我都不知道这是不是美的的产品。"这导致美的"虚胖"，净利润好几年还不及像格力这样的专业化同行高。"少帅"方洪波 2010 年主持减员瘦身，开始推进"战略转型"。

（1）精简产品线：把亏损的、低毛利的、缺乏核心竞争力的业务果断地砍掉，比如电子鞋柜、剃须刀。

（2）缩减产品型号：要做出好产品，必须聚焦。国内市场的产品型号从 2.2 万个减少到 2000 多个，美的的风扇国内市场有 150 多种型号，精简至 20 ～ 30 种型号；

小天鹅洗衣机从 2000 多个型号，精简到 450 个。

（3）增加研发投入（加法），加大对科研技术的投入。

（4）聚焦爆款和精品。型号精简后，产品部件模块化，方便自动化生产和定制化生产。在这个基础上，美的实施"T+3"计划，3 天经销商下订单，3 天备料，3 天生产，3 天配送发货，周转天数从 28 天缩短到 12 天，结果收入、利润双双逆势大幅增长。

美的在形势不算坏时，主动开启对产品的变革，使美的轻装上阵，逆风飞扬。

## 三、以 SKU 项目组方式推进

推动 SKU 优化并不容易，会遇到两座大山：一是研发，研发会抵触精减 SKU，主要原因是这些 SKU 都是他们的孩子，当时都是花了时间和资源的，这时要削减，等于变相证明自己之前做错了。研发会证明，客户有多种需求或涉及安全问题，不能精减 SKU。二是销售，在企业内，销售最以客户为中心，销售担心一旦削减了 SKU，万一客户下单时没有，会影响客户关系和他们的销售业绩。而且品类齐全，也是公司与竞争对手的区别之一。至于说交不出来货，那是供应链部门应该改进的事。所以必须向研发、销售宣讲 SKU 优化的意义与价值，以达成共识。还要用数据分析 SKU，证明砍掉 SKU 不仅不会影响他们的销量，还会让客户更满意。然后再通过项目运作，达成降低 SKU 数量的目的。

推动 SKU 优化还要找到同盟军：老板要未来，财务要利润，要先向这两个同盟军说清楚，企业一部分产品（SKU）是赚钱的，但还有相当一部分产品（SKU）是亏钱的，砍掉不赚钱但占用了公司大量资源的产品（SKU），将资源释放出来，既是减少复杂度，又是最快的降本增效。聚焦打造精品与爆品，才有未来。引入专业顾问提供砍掉 SKU 的方法，进行全员宣导，在出现争议时以独立第三方的名义进行协调，会提高项目成功率。

结合企业实践，SKU 优化项目核心七步如下。

### （一）第一步：组织先行，成立 SKU 优化小组并确定目标

成立 SKU 优化项目组，项目总负责人选是关键，最好征求董事长的建议，选定企业高层里有影响力且推动能力强的人担任项目总负责人。项目组可以下设数据组、分析验证组、成品物料组、宣传攻关组、撰写组、IT 组，

并清晰各组的职责。项目组成员要涵盖财务（负责取数）、市场、销售、产品、供应链相关人员。成员选择标准分为两类：一是部门骨干、变革能力强的；二是如果不选择该成员，该成员会成为推行时的阻力，让这类人进入项目组并担起责任，可以化阻力为动力。

我们在顾问企业推行 SKU 优化项目时，有明确的项目组分工与职责，如表 5-2 所示。

表 5-2　SKU 优化项目小组分工与职责

| 小组名称 | 职责 |
| --- | --- |
| 数据组 | 1. 根据各小组的数据需求（由各小组组长提交给数据小组组长），采集、筛选、整理并交付原始数据<br>2. 明确数据获取口径、时间口径，并确保数据的准确性 |
| 分析验证组 | 1. 根据项目要求对相关数据和信息进行讨论与分析，分批对集团所有 SKU 进行效率评估，经多次综合性分析后输出集团 SKU 删减与保留范围，保证分析方法和评估维度的合理性（定期滚动分析与输出）<br>2. 对删减与保留 SKU 进行审核与损益评估，从删减范围中挑选留存 SKU，从保留范围中挑选放弃 SKU<br>3. 输出 SKU 处理清单与损益明细表 |
| 成品物料组 | 1. 制定成品及专用物料（包材、原料、半成品等）处理规则与制度<br>2. 一条龙跟踪处理进度，并针对问题 SKU 优化处理方案与规则 |
| 宣传攻关组 | 1. 根据损益情况对 SKU 处理清单进行最终审批、下发、推行<br>2. 对执行过程中遇到的重大卡点与难点牵头攻关<br>3. 负责项目组成员贡献及价值评估、奖励制度制定、团队风采记录与展现 |
| 撰写组 | 1. 对项目组及各小组通过各种动作或活动输出的事项、任务、决议、流程、成果等内容进行记录、公示与存档 |

（续）

| 小组名称 | 职责 |
|---|---|
| 撰写组 | 2. 呈现内容提炼精准、简洁<br>3. 定期（双周）发布项目进度简报<br>4. 负责 SKU 优化方法论的沉淀、结案 |
| IT 组 | 根据项目组需求或阶段性成果对各类报表、模板或流程进行开发、固化与优化 |

确立 SKU 优化项目目标，比如为了达成集团 5 年战略规划与目标，降低 SKU 管理难度，聚焦爆品与精品，逐步提升供应链效率并协助供应链驱动力打造，组建集团 SKU 管理项目组对集团 SKU 进行有效管理，可以通过以下 5 个步骤达成：

（1）将现有问题类 SKU 砍掉＿＿＿＿% 以上。

（2）将砍掉的 SKU 割尾干净。

（3）分析砍掉 SKU 的原因，对产品的出品提出要求，尽量减少不良出品。

（4）日常监控正常的 SKU，并提出预警。

（5）每年持续优化方法论，不断将问题 SKU 砍掉。

## （二）第二步：通过对 SKU 数据进行分析，找出问题 SKU，达成项目组共识与基本方向

在项目初期，包括项目组成员都对砍 SKU 心存疑虑，所以通过数据分析，让项目组成员看到 SKU 的现状

及 SKU 过多的危害，认识到 SKU 优化的意义和必要性，通过科学的策略让项目组明确砍 SKU 的方向并建立信心。为避免数据被质疑，通常请财务负责人来提供数据，并写明数据来源。

如何做好数据分析？

对品类单一的企业，可以分析过去 2 年各 SKU 的销售数据：

（1）过去 24 个月，销售总收入与系统里的 SKU 总数量。

（2）过去 24 个月，销售收入为 0 的 SKU 的数量及其占比，将这些 SKU 标记为 C 类。

（3）过去 24 个月，销售收入累计后 10% 的 SKU 的数量及其占比，将这些 SKU 标记为 B 类。

（4）过去 24 个月，销售收入累计前 90% 的 SKU 的数量及其占比，将这些 SKU 标记为 A 类。

图 5-2 是一家工业品企业的收入数据分析：

（1）过去 24 个月（2019 年 1 月 1 日至 2020 年 12 月 31 日），系统里 SKU 总数量为 1067 个。

（2）过去 24 个月，销售收入为 0 的 SKU 的数量为 290 个，占比 27.2%，C 类。

（3）过去 24 个月，销售收入累计后 10% 的 SKU 的数量为 633 个，占比 59.3%，B 类。

（4）过去 24 个月，销售收入累计前 90% 的 SKU 的数量为 144 个，占比 13.5%，A 类。

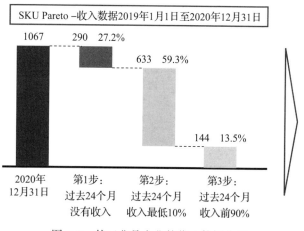

图 5-2 某工业品企业的收入数据分析

C 类：个别保留，绝大部分砍掉，个别由销售、研发挑选，说明原因后保留。

B 类：大部分削减，通常 50%～80% 的 SKU 要削减。

A 类：个别削减，挑选一些没有竞争力、定位重复的 SKU 进行削减。

对多品类、多渠道的企业，要引入品类效率分析。

品类效率分析是指对品类产多少粮（销售额占比）与用多少地（SKU 占比）的分析。品类效率 = 品类销量贡献率 / 品类 SKU 数占比。品类效率大于 1 表示品类 SKU 良性，品类效率小于 1 则表示品类效率低，有可能属于问题品类。举个例子：品类 A 的销售额占总销售额的 15%，SKU 数占总 SKU 数的 5%，品类效率为 3，品类效率高；品类 B 的销售额占总销售额的 10%，但 SKU 数占总 SKU 数的 30%，品类效率为 1/3，属问题品类，需要进行 SKU 精减。

图 5-3 是某公司对各品类效率的数据分析，可以更直观地了解什么是品类效率。

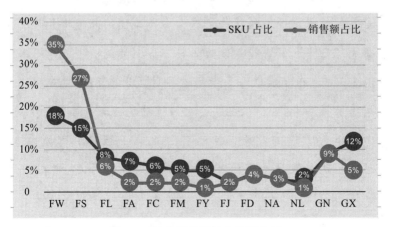

图 5-3　某公司品类效率数据分析

从图 5-3 中可以看出，FW、FS 等品类效率高，而 FA、FC、FY、GX 等品类效率低。品类效率越低，越要优先优化。针对问题品类，不断询问：这个品类未来有没有价值，要不要保留，如果不要，则直接删除整个品类；如果确定要保留，需要对该品类的 SKU 进行 24 个月的收入分析。

通过 SKU 的数据分析，项目组成员会看到 SKU 的现状及 SKU 过多的危害，通过科学的削减策略让项目组成员及其他所有人建立信心。就像顾问企业广东中迅农科 SKU 优化项目组成员营销代表张意强的心路历程：

从销售的角度总是觉得产品越多越好，每砍一个产品自己的销量就会有所损失，这么多年集团的高速增长也得益于"三多"资源投入政策，其中最主要的一项就是"多 SKU"，现在要成立一个专门的项目组来砍 SKU，难免心里有所抵触，担心砍 SKU 会对后续的销售有负面的影响。

作为营销的代表，随着各种数据的梳理我才发现，目前巨大的长尾已经严重影响到公司的运营，各种呆滞、问题 SKU 占用了极大的资金资源以及仓库资源，如果把这部分资源盘活变现，将会产生巨大的生产力。通过梳理各个事业部的 SKU 情况，很多数字触目惊心，很多事情是我没有想到的。

没想到我们集团的 SKU 有那么多！达到 4409 个！

没想到无效或者销售量很少的 SKU 会那么多！2000多个 SKU，占了数量的 50%，但销量只占了 16%，消耗着企业大量资源！

没想到我们的问题 SKU 库存金额有那么高！超过千万元！

没想到砍 SKU 会遇到那么多困难！

没想到这个项目有那么多问题要解决！

这些问题，作为营销人员，我们之前很少去关注，甚至认为这些和我们没有关系，通过 SKU 项目的推进，对各种数据的梳理，我发现这些问题的出现营销人员难逃其责！同时要解决这些问题，营销人员也是重要的一环。作为项目组成员，我深感责任重大，一定要想办法推动营销系统共同解决 SKU 的问题。

### （三）第三步：对问题品类（SKU）的删除与保留进行验证

找到问题品类（SKU）之后，根据不同的客户和不同品类，可以设定不同的删减范围值。在删除前，要进一步验证删除品类（SKU）的合理性。

如果待删除品类（SKU）具有以下特征，则需要暂时保留：

（1）商品上市时间较短，销售数据尚未完整。

（2）客户高忠诚度的商品。

（3）高毛利和高产值单品。

（4）竞争性单品（为建立竞争而引入的单品）。

（5）具有独特性的商品（商品结构单品，无替代选择的单品）。

（6）产品门店渗透率低，但是产出高的商品（只分布于少数门店，所以总体销售额／量较低，但是单店销售额／量很高）。

（7）暂时保留的商品，引入更好的具有类似特征的商品后再删除。

初步保留的品类（SKU）是否合理也需要验证，如果待保留品类（SKU）具有以下特征，则可以删除：

（1）难以陈列。

（2）供应链断货商品。

（3）不可延续，售完即止。

（4）因为减价处理毛利特别低的单品。

（5）有重复特征、会造成客户选择困难的商品，删除业绩表现差的。

### （四）第四步：对剩下的品类（SKU）组合进行优化

完成删除品类（SKU）、保留品类（SKU）的验证后，需要查看留存品类（SKU）组合的品类（SKU）结构，是否存在以下结构缺失：

（1）价格结构缺失。

（2）风格缺失。

（3）畅销商品缺失。

（4）某种热销规格缺失。

如结构缺失，还需要引入新品类（SKU）。整合所有品类（SKU），确认品类（SKU）结构完整后形成新品类（SKU）组合。

### （五）第五步：核算SKU优化后的收益、损失并制订损失弥补方案

对SKU优化可以从以下维度进行收益评估：

（1）生产效率提升了多少？

（2）呆滞减少了多少？

（3）库存减少了多少？

（4）物料影响减少了多少？

（5）交易及管理成本减少了多少？

（6）销售关注度提升了多少？

按照最后确定删除的SKU清单，计算删除SKU带来的销售损失，如果销售损失过多，风险较高，可以分批次砍除SKU。损失评估包括以下几个维度：

（1）影响了多少销售额和利润额？

（2）导致了多少渠道的流失？

（3）渠道美誉度是否下降？下降了多少？

（4）对业务人员的稳定性影响值是多少？

损失弥补的可能方案：

（1）引入潜力新品。

（2）提升保留商品销售。

（3）加大主推商品销售贡献。

（4）提升保留单品的门店渗透率。

最后，整体对新SKU组合业绩进行预估，包含保留SKU的业绩预估和新引入SKU的业绩预估。预估的主要目的是确认新SKU组合的业绩表现是否能够达到预定销

售目标。这步对销售来说非常重要，因为可以帮助销售
达成预定销售目标，会赢得销售的支持。

### （六）第六步：制订 SKU 优化推进日程计划

推进 SKU 优化，可由专业老师辅导进行，系统介绍
SKU 优化的全流程，让项目组理解优化 SKU 的必要性，
用数据证明 SKU 优化的收益、损失的可控性，明确 SKU
的推进计划，其中关键事项有：

（1）输出砍 SKU 的规则与底稿。

（2）明确损益分析项目与方法。

（3）各事业部砍 SKU 沟通与核定。

（4）针对精减 SKU 匹配销售政策。

（5）砍 SKU 计划确定。

（6）删除商品的成品退市、清货及物料消化方案。

（7）安排专人（计划经理）对成品及专用物料进行一
条龙跟踪。

（8）SKU 报表及优化流程的 IT 固化。

每月要进行进度与异常汇报，有针对性地优化处理
措施。

### （七）第七步：项目复盘，持续优化

要及时总结经验教训，反馈给负责"生"的职能部门，防止后面赶着削减，职能部门又不断赶着无效益地"生"。砍SKU不是目的，最终目的是解决前端如何优生的问题。所以在这部分有如下几项关键工作：

（1）形成一套完整的SKU优化方法论，砍后所有的工作将比较简单顺畅。

（2）整个项目要将营销端（前）、市场部（中）、供应链（后）打通，多部门协同形成闭环管理。

（3）要与公司产品退市流程等相互衔接，产品的划分逻辑对齐，确保后续模块通用性。

（4）IT的设计及优化。

总结一下，用科学方法，砍掉没有未来的产品（SKU），并从中吸取经验教训，转化成下一代产品的研发规则。聚焦爆品，开发杀手级的产品，做1米长、1万米深，才能给客户创造价值，才能创造企业核心竞争力，企业才有未来。

学以
致用

【学】

请用自己的语言描述本章的要点：

---

---

---

---

【思】

描述自己企业的相关经验与本章对自己的启发：

---

---

---

---

【用】

准备如何应用？希望看到的成果是什么？

---

---

---

---

## 会遇到哪些障碍？

## 解决障碍有哪些方法、措施、资源？

## 行动计划

# 供应链与研发协同：降本增效

降本增效是企业永恒的任务，原因很简单：一是外部激烈的市场竞争迫使企业不得不"卷起来"，通过降本提升企业竞争优势；二是对更高利润的追求，降本增效是核心手段；三是企业对管理水平精进的要求，通过"干毛巾都要拧出水来"，倒逼企业管理水平与组织能力的不断提升。

但是，你会发现，绝大多数企业年年降本，利润却每况愈下。为什么？主要原因是这些企业的降本活动，是以部门作为降本的主体：采购降本、生产降本、物流降本、仓库降本、行政降本……这种降本最大的问题是一个部门降下来的"成本"，很有可能是另一个部门的浪费。比如采购为了降本，选了更便宜的供应商，但质量不稳定。这时企业要增加检验人员，同时生产过程中出现不良、返工又造成更多的作业浪费，最后算起来，价格最低的供应商反而是最贵的。又比如物流为了降低运费，用大车运，造成企业大量库存，致使仓库爆仓，形成呆滞。这样所谓的降本案例，在企业比比皆是。我将其称为"伪降本"，不仅劳民伤财，更会造成部门对立、争吵、扯皮，使部门墙越来越厚。

——

## 第一节　降本要找到"源头"

### 一、成本的源头在研发

如何做到"真降本"，让降本转化成企业的竞争优势、利润，或组织力提升？

首先，需要给成本下一个管理学上的定义：成本是为了实现过程增值或结果有效所付出的资源代价。可以简单理解为，"成本"＝"成功之本"，即要想成功必须下的本钱（资源）。这些资源不仅仅是钱，还包括人力、物力、时间、空间，甚至是团队的注意力。企业投入的资源，如果使过程增值或结果有效，便是成本，没有使过程增值或结果有效的即为浪费，应该消除。

　　和客户有关的直接成本发生源包括四个部分：研发、采购、生产、销售。研发通过 BOM（物料清单）决定产品的总成本，通过每个物料的图纸设计决定 80% 左右的物料成本；并通过设计时的可制造性决定部分生产成本，甚至对售后成本都影响巨大。也就是说成本的源头不在供应链，而在研发。研发选择一个通用零部件而非新增一个非标件，或在图纸上进行合理的修改，就可能使成本大幅度下降。直接成本及其控制要求如图 6-1 所示。

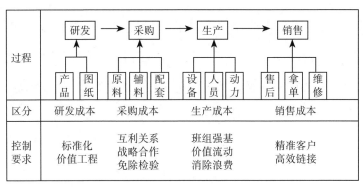

图 6-1　直接成本及其控制要求

　　但研发之所以是研发，就是因为他们关心产品而非管理，关心产品酷不酷更胜于产品是否能赚到钱，以至于很多企业的采购降本，推到研发时就推不动了。研发人员的专业优越感，让他们瞧不起任何没有专业技术背景的人，甚至包括企业管理者。如果企业里某人批评了研发不专业或批评了研发工程师的产品，那么某人很有可能已经被研发工程师列为敌人，以后凡是某人说的，研发工程师都会反对。但好的研发，应该有客户视角，有总成本的概念，要考虑是否易制造，是否易采购，是否方便物流运输。而实现这些，要靠机制让研发部门自动自发地关心成本。

## 二、有效研发的规则

研发人员需要制定自己的研发规则，经验才能传承；供应链人需要了解研发管理，才能协同。制作一份适合自己企业的《有效研发的规则》，使企业研发团队达成共识，让供应链清楚如何为研发赋能就十分必要了。这个想法是受我的顾问企业武汉自然萃启发得来的。武汉自然萃成功开发了一些主打自然健康的产品，比如某蜂蜜露，采用蜂蜜等天然成分制成外用通便产品，解决孕妇等人群传统口服通便见效慢，开塞露等药物有刺激性与依赖性等副作用，全网销量领先。当调研其产品开发背后的成功要素时，创始人周鹏总结为：在产品研发上，以德鲁克管理思想为指引，立志做品类的开创者而不做跟随者。他们坚定地认为，一些公司能够得到50倍甚至100倍的研发投资回报，成功的关键不是知识、智力或勤奋，更不是运气，而是有效研发的规则。武汉自然萃总结出了《有效研发的10条规则》，并要求研发、销售与供应链各环节人员反复研读并身体力行。

### （一）研发的三种价值活动

研发包括研究与开发。学校与科研院所的研究是为了探索新知识与新理论，企业的研究是为了探索和寻找新的功用。开发则是把研究成果转化为能够生产、销售、配送、服务的产品，以及相关的流程和服务。研究与开发必须紧密联系、互相促进。

研发包括三种价值活动：改进、有管理地开发、创新。改进的目的是将现有的产品、流程或服务变得更好。比如在成本、质量和顾客满意度等方面持续提升，这方面日本企业是典型代表，而中国企业有迎头赶上的趋势。有管理地开发则指用一个新产品、流程或服务孕育产生一个更新的产品、流程或服务，即品类上的迭代。这部分往往由市场驱动，采用了新的开发技术和工具。比如日本索尼公司在录音机上孕育出随身听，而苹果公司在随身听上孕育出了 iPod，随着手机制造商推出可以播放音乐的手机，苹果公司的高管们担心 iPod 会被更好的技术超越。乔布斯认为，如果真的会发生这种情况，也应该由苹果公司来做。于是 iPod 成为 iPhone 诞生的催化剂。

创新则是指系统地利用变化带来的机会推出新的产品，这些变化包括社会经济变化、人口变化和技术变化等。创新方面，一些美国企业秉承改变世界的理念，做了引领工作，包括最早的互联网浪潮、新能源车、星链、元宇宙等。对于创新而言，成功的研发会考虑：假如我们成功了，顾客的生活或工作会不会有实质性的变化？

### （二）有效研发的具体规则

当一个新产品或服务第一次达到盈亏平衡时，它就有被市场淘汰的风险了。因此，自己淘汰旧有产品、流程或服务是阻止竞争者从中获利的唯一方法。

要设定改进、有管理地开发的具体目标，比如每年一个新的重要产品、重要市场或重要应用；并且目标要尽可能高远，因为小修改与根本性变革往往难度一样大，都会遭到顽固的抵抗。

要定期评估公司的创新成果：我们是否做出了能够大大提升公司财富创造能力的创新？这些创新的数量、质量、影响力是否与我们的市场地位和我们在行业中的领导地位相称？在接下来的 3 年中，我们需要做出何种创新（数量、质量、影响力）才能达到我们希望的市场地位和行业领导地位？

告别昨天：企业应通过定期评估来确定是否要有计划地放弃一些产品、流程、服务和研发项目。不断问自己：基于我们现在所知，我们是否还会启动这个产品、流程、服务或研究项目？如果答案是不会启动，那现在就应该有计划地放弃。有以下三条线索可以帮助我们确定何时应该放弃。

第一，改进方面：已经没有重要改进了。

第二，有管理地开发方面：已经无法再得到新产品、新流程、新市场或新应用了。

第三，创新方面：即使有更长期的研发，也不会有创新机会。

合作，是要达成共识的。企业不可能有全能型研发人员，知道在何时、通过何种方式召集哪些专家、整合哪些外部资源是有效研发的关键。20世纪60年代，第二任美国国家航空航天局（NASA）局长詹姆斯·韦布（James Webb）有一个目标：把人送上月球，即阿波罗登月计划。他动员了众多不同学科的专家，共同努力，最终把人送上了月球。但詹姆斯·韦布的背景不是科学家，而是一个律师兼会计师，是他让专业的人干专业的事，最终实现了这个宏伟目标。为纪念他的卓越贡献，NASA特别将"下一代太空望远镜"命名为"詹姆斯·韦布空间望远镜"。

对企业而言，我们的研发人员必须有这样的共识：随着技术的日新月异，在构成产品或服务的细分领域，供应商会比我们更专业。整合供应商的研发力量，让供应商早期参与而非自己闭门造车，就成为优秀企业、优秀研发与一般企业、一般研发之间的区别。研发人员与供应链人员如何协同？尊重供应商、激发供应商，让其在研发阶段就参与进来，发挥其专业优势，可以大幅缩短交期、降低成本、提高质量。

## 三、目标成本法

研发设计阶段决定了70%～80%的成本，但研发人员却不一定都关心成本。怎么让研发工程师担负起成本的责任？在所有的方法中，有一种投入成本少、风险低、效果却很好的方法：推行目标成本，适当配备激励。

　　先做个小调查：你的企业是如何给产品定价的？是用"成本＋利润＝售价"的公式定价吗？即研发设计出产品，采购、生产统计各自成本，加上企业想要的利润，就得出报价。这种定价方式只适合垄断企业或供不应求的特殊时期，当行业产能过剩、竞争激烈、客户要多家比选时，就会出现叫好不叫座的局面，甚至出现竞争对手的报价比自己企业的成本还低的情况。这时，企业要么重新设计，浪费了大量的组织资源与市场机会；要么销量达不到盈亏平衡点，之前投入的研发费用、模具费用、供应商开发成本等无法摊销，造成研发的产品越多，企业利润越低的情况。管理层抱怨供应链成本太高，其实70%～80%的成本是在设计阶段就决定的：研发设计一款黄金材质的马桶，供应链部门无论多么努力，也很难将成本降到同陶瓷材质；研发设计的物料规格型号众多，每个型号都要新开模具，新打样品来确认，这时的成本靠供应链是无法降低的。所以在设计阶段进行目标成本法管理就非常有必要了。

　　所谓目标成本法，是指企业在设计阶段，通过市场调查与分析，先确定最有可能吸引潜在消费者的价格区间，减去公司预期的利润，剩下的就是目标成本。以目标成本为基准，再倒推产品全生命周期的总成本如何实现最优配置，即目标成本＝客户能接受的价格－企业的目标利润。目标成本法同时提出了三个要求：一是客户能接受的价格，保证了销量；二是企业能接受的利润，保证了公司的盈利；三是倒逼全员降本，包括研发、工程工艺、品质、生产、采购、物流运输等全过程，从而提高了产品的成功率。

　　推行目标成本法的本质，或者说最大的价值是将降本的指标给了成本的源头——研发。当研发人员有了降本考核指标，再配套激励措施，就没有什么是不可能的，甚至会有惊喜。通常在降本指标设计上，研发部门可以承担70%～80%的降本指标，供应链部门承担20%～30%的降本指标。在共同的降本指标压力下，研发会与供应链携手，在5个方向进行成本优化：

　　（1）产品总成本（BOM 的优选）；

　　（2）方便采购；

　　（3）方便制造；

（4）方便物流；

（5）方便回收。

　　成功实施目标成本法，意味着企业用最少的资源为社会创造了价值，这就实现了绿色供应链。目标成本法已被绝大多数日本企业以及宜家、小米等众多企业使用，并取得了很好的经济效益与社会效益。在日本企业，目标成本法几乎变成了管理常识：确定产品的目标成本，对目标成本进行分解，确定每个组成部分的功能与成本分摊，与不同部件的负责人以及外部供应商进行谈判和协调，拆解竞争对手的产品进行对标并且重新优化设计，直到达成目标成本的要求。通过目标成本，日本企业研发出了不少叫好又叫座的汽车及家电，比如本田的雅阁、丰田的卡罗拉。

　　宜家家居也以目标成本法设计产品。其经营理念是"提供种类繁多、美观实用、老百姓买得起的家居用品"。宜家有一种说法叫"我们最先设计的是价格标签"，即设计师在设计产品之前，宜家已经为该产品设定了对客户有吸引力的销售价格及目标成本。宜家的低价策略贯穿于从产品设计到材料选择、OEM 厂商管理、物流设计、卖场管理的整个流程。为了达成目标成本，设计人员大量使用标准化、模块化方式的设计理念；设计师、产品开发人员、采购人员密切合作，引入专业的供应商早期参与新品的开发，保证设计的产品质量高、成本低。比如在目标成本的压力下，宜家在降低物流成本上，为了不花钱运空气，发明了平板包装物流方式。通过拆解组合家具，使其扁平化，可以一次性载运更多的产品。据统计，产品组装运送，所需的空间约等于扁平包装的六倍，而采用平板包装，减少了对仓库空间的占用，节约了运输成本，降低了家具在储运过程中的损坏率。

国内的小米应用目标成本法，做爆品。小米作为后来者，往往不做技术含量最高的产品，而是做能满足80%的大众基本需求并达到最佳性价比的产品。小米在产品定价上往往让消费者怦然心动，产生购买欲望。2019年6月，小米推出了一款"巨能写"中性笔，这支中性笔的横空出现，让所有文具企业侧目：单支定价0.99元，且超长顺滑书写，一支顶普通4支。"巨能写"中性笔用了巧妙定价：0.99元。对消费者来说，0.99元与1元是不同的价格区间。9.99元10支，保证了消费者一买10支，销量也能上来。图6-2为小米"巨能写"中性笔的介绍。

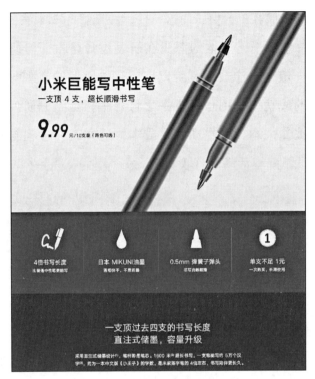

图 6-2　小米"巨能写"中性笔

资料来源：小米网站。

0.99 元的单价，还要实现出墨流畅且书写更持久，公司还要有利润，这倒逼研发人员必须打破传统思维局限，创新设计。在成本上，去掉客户不太需要的功能：如按压功能、笔套，本质就是一支粗笔芯，又省物料又省组装成本。在价值上：给比竞品更多的墨，更长的书写，来增加客户价值。而这一切，源于目标成本法。

总结一下，成本的源头在研发设计阶段，但研发人员不一定会关注成本，所以用《有效研发的规则》保证研发的成功率，用目标成本法将降本指标给到研发，使研发关注成本，并主动优化成本，这样就在过程与机制上保证了降本活动的有效实施。

## 第二节　供应链与研发协同降本的三个关键

如果市场要求 3 年内，将产品成本下降 30%，你的企业有哪些策略与方法？

很多企业是找供应商谈判降价。但年复一年，供应商已到极限，再降供应商就有偷工减料或干脆退出不做的风险。这种方法做过了就既不健康，也不可持续。那怎么办呢？

### 一、第一个关键：优选物料，归一化

我们先看一下在这方面成功的企业是如何做的。

以消除浪费、持续改善而闻名的丰田，曾推出CCC21 计划 (21 世纪成本竞争力计划 )，要求在设计、生

产、采购和固定费用 4 个方面大规模降低成本，目标是
所有新车型关键部件的成本都要降低 30%。这个计划遭
到很多部门的反对，认为公司多年持续进行合理化改善，
该改的已经改得差不多了，很难再实现这么大幅度的成
本降低。而当时的掌门人渡边捷昭则奉行"从干毛巾中
拧出水来"的成本理念，要求各个部门通力协作，以更
高的视角与创新思维必须达成降本 30% 的目标。

　　在这个目标压力下，各个部门开始通力协作，系统
思考企业中不给客户增加价值但耗费企业大量管理成本
的浪费。以开车门的车把手为例，一般企业的降本思维
是：零部件尺寸小一点，厚度薄一点，材料差一点，逼
迫供应商降价将利润让一点。这种不叫降本，而是在降
质量，甚至会让业务下滑、客户流失，结果得不偿失。
丰田则通过以下问题，找到了降本 30% 的健康方法。

　　（1）我们公司有多少种车把手？

　　回答：35 种。

　　（2）从客户感知到的价值，我们多少种就能满足客
户的需要？

　　回答：3 种。

（3）哪3种？

回答：高档车专用车把手、中档车专用车把手、低档车专用车把手。

（4）如果从35种改成3种，有哪些成本节约？

回答：35种车把手意味着35套设计、35套模具、35个从产品质量先期策划（advanced product quality planning，APQP）到生产件批准程序（production part approval process，PPAP）的验证过程，意味着35套检验规范，仓库要留35个货位，ERP里有35个料号，有35种断货缺料的可能，35种产品生命周期结束后的呆滞物料，有35种装配错误的可能，要留35种售后备件库存……当缩减为3种时，意味着供应商的生产量放大11倍多，由于规模效应，供应商的固定成本被摊薄；同时品类减少，操作工人换线时间变少；学习曲线发挥作用，单位产出时间缩短，产出效率提升；同时供应商品类少，越做越熟练，产品质量也跟着提高。对顾客而言，对车把手的感知，35种与3种并没有太大区别。

（5）如何具体落地实施？

回答：组成跨部门的标通化项目小组，缩减这些成本。

（6）除了车把手，我们还有什么零部件可以进行标通化设计呢？

回答：还有空调排气管……

（7）我们目前有多少种？

（8）能标通化多少种？

…………

按照这个逻辑可以不断循环提问，持续优化降本。

通过研发与供应链协同，丰田大规模实施标通化选型，再通过与供应商的紧密协作，3年左右，将整车成本下降了30%。多年来丰田面临激烈的市场竞争，但利润一直雄霸汽车排行榜的榜首，这些方法功不可没。

讲个题外话，在一个大型供应链论坛上，作为主持人，我曾向参会的丰田的一位副社长嘉宾提问：国内出版的很多精益书籍，说丰田一直提倡多品种、小批量的生产模式，但在丰田车上为什么看不到多品种、小批量的影子？这位副社长很惊愕地说：丰田从来没有提倡过多品种、小批量，而是生产过程的多批次、小批量。书一定是翻译错了，丰田这么多年来，内部贯彻的理念一直是："看得见的地方尽量不一样，看不见的地方统统都一样。"足见丰田对标通化的贯彻执行很到位。

企业内部不同的研发人员有不同的设计偏好，会做很多的尝试。于是，在我们的 BOM 里，就会多出很多代码。物料编码是研发管理水平的晴雨表，物料编码越多，就意味着复杂度越高，成本支出也随之攀升。物料编码多的原因不一，有的企业是 SKU 过多，有的企业是研发物料信息缺少共享，有的企业是研发人员为了展示自己的与众不同，不愿意用别人的成熟方案。最可怕的是由于企业错误的绩效考核，以每年新出多少图样作为研发的考核指标，导致研发人员每接到一个项目，就在老图样上改一笔。千万别小看这一笔，它意味着 ERP 系统里又产生了一个新的料号，采购要重新和供应商询价，要重新开模、验证样品，仓库里又要多一个新物料的货位。这种"创新"不仅不能给客户带来价值，还会让企业的供应链越来越复杂，管理难度加大。物料编码多，每个料号上的采购量就低，供应商普遍报价高、交付慢、质量差、配合意愿低。

你的企业的物料编码数量有多少个？是否还在不断增加？

就像一个女孩子会买很多不同款式的衣服，但最终穿着好看、经常穿的，也就那么三五种款式。企业需要化繁为简，进行物料归一化，提质降本。定期对 BOM 进行清理，使我们的量得以集中，品类得以精简，最后使我们的供应商的成本得以下降，供应链复杂度也得以降低。

我长期出差，对自己使用的物品也做品类标通化：以前出差袜子经常丢一只，剩一只也不能用了。于是我对袜子进行品类标通化，优化后只选一个品牌的同一款式、同一颜色，即使丢一只，剩下的仍然能配对使用，管理成本大幅下降。

标通化的本质是归一化。归一化分为五个层级：标准化、通用化、模块化、平台化、菜单化。标准化是指统一标准、整合数量，将物料清单里不给客户带来价值的规格进行整合。标准化能够帮助企业有效降低品类数量，提升采购数量，实现以量换价，达成成本和库存的双降低。通用化是指品类无法整合，但可以将接口统一，以便互换或者重新组合。比如，电脑、手机等电子设备的充电接口设计成一样的，出差时就不用带一堆充电线，一根充电线就可以完成所有电子设备的充电。模块化就是以搭积木的方式组成部件或模块。接到客户的订单后，直接调用模块，实现快速组装、快速交付。标准化、通用化和模块化可以使零部件之间相互交换或者重组，极大地提升齐套率与准交率。而若干系列产品采用通用的底层架构，称为平台化。车企经常采用平台化，平台贯穿于汽车研发、生产以及供应链整个环节。大众集团将平台化视为自己的战略：比如奥迪A1、POLO、捷达都出自PQ25平台；一汽大众CC、上汽大众帕萨特皆出自PQ46平台等。在平台的赋能下，由于多款车型的技术、零部件通用，研发周期与生产周期将大幅度缩短，效率会大幅度提升；产品可靠性会有明显提高，汽车的研发、采购和生产成本大幅度降低。菜单化就是建立优选物料库，需要什么物料优先从"菜单"上选，不断淘汰使用率低的物料，这样在研发设计环节就开始进行物料管理了，从源头解决物料管理多、杂、难的问题。

那么如何推行归一化呢？企业推行物料归一化，可以参考以下七个步骤。

第一，成立物料归一化跨部门小组。小组成员至少包括研发工程师、采购工程师、仓库管理员、质量工程师，若有可能，邀请财务与供应商代表参加。

第二，小组成员进行头脑风暴，列出成员观察到的公司品类多而杂的项目。特别是供应商不愿意做的物资要重点考虑。

第三，针对头脑风暴梳理出的项目，用价值矩阵进行选择，确定哪些项目优先做归一化。在价值矩阵中，根据价值高低和实施难易程度分为四个象限，把价值高、易实施的项目作为第一批实施物料归一化。

第四，目视化，将已选定的项目中的物品在会议室陈列或在走廊通道悬挂，进行展示，以增强大家采取行动的决心。

第五，指定研发人员为相应品类小组组长，形成工作计划。

第六，定期总结、配套实施激励计划（物质激励、精神激励）。

第七，通过跨部门小组完成物料归一化降本之后，形成优选物料库。

当小组做归一化有分歧时，可借鉴丰田的哲学：看得见的地方尽量不一样，看不见的地方统统都一样。

在企业实施标通化过程中，经常会发现技术问题往往并不是实施标通化的难点，如何让技术人员有积极性参与这项工作才是难点。这个问题可以通过以下三个步骤来解决。

第一，把要进行标通化的品类的所有物料都摆在桌面上或挂满墙，让大家看到品类有多么多、多么杂、多么不合理，从而解决为什么要改的问题。

第二，建立标通化的激励体系。例如，将通过标通化设计节约下来的金额按一定比例（如 10%）奖励给标通化小组成员，以解决技术人员参与标通化的动力问题。奖励可以按照 7∶2∶1 的比例分配，谁干谁拿 70%，组织者拿 20%，剩下的 10% 奖励给项目组的其他成员，如财务、仓库人员等。

第三，归一化的最终产出是优选物料库，当研发人员开发新品时，可以优先从数据库中选而不是盲目重新设计。这样可大幅节省研发时间、提升研发效率，降低供应链成本，而省下的时间可以用于真正有创新的研发上。每次开发新产品，都要与优选物料库做对比，评价物料复用率。

做好优选物料库，既能提升产品质量，又能降低成本；既能提高准交率，又能降低库存，是挖掘价值链金矿的重要策略。

在信息化系统中一般将物料归为三类：优选物料库、

限选物料库与禁选物料库。优选物料库中是推荐研发在有新产品或项目时不重新设计，而是先从中优先挑选的物料。禁选物料库中是不准研发设计使用、采购不再购买，待消耗完库存之后，将其从系统中去除的物料。除优选物料库与禁选物料库之外的物料归到限选物料库。如果要新增加物料，需要公司品类管理委员按图6-3进行严格审批：新物料选型后先进入试用物料库，使用一段时间看其效果将其归为优选物料库、限选物料库或禁选物料库。限选物料库中的物料根据项目或产品的使用反馈有的也会归到禁选物料库或优选物料库。同样，优选物料库中的物料也有可能归入禁选物料库或限选物料库。

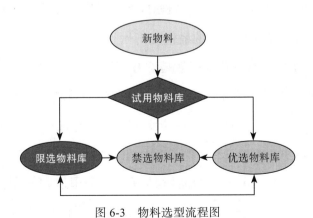

图6-3　物料选型流程图

随着企业壮大，物料会越来越复杂，一定要定期瘦身。实施归一化，建立优选物料库是企业价值回报最高，实施难度最小的工作。从今天就开始实施吧，特别提醒，有了成果别忘记了激励。

## 二、第二个关键：价值工程与价值分析

除了归一化，还有一种不用压迫供应商降低利润也能降低 10% ～ 30% 成本的方法，即价值工程与价值分析（value engineering/value analysis, VE/VA）。VE/VA 中，VE 即价值工程，是针对新产品的，主导者往往为研发部门；VA 即价值分析，是针对现有产品进行改善的，主导者往往为采购部门。现在，VE 与 VA 有混同趋势。VE/VA 以最低的产品全生命周期成本，可靠地实现必要的功能，目的是实现产品的最优性价比。

VE/VA 的核心价值就是"好钢用在刀刃上"，在成本优化的同时，实现客户满意度提高与公司利润增长。用公式表述为：价值（V）= 功能（F）/ 成本（C）。

价值（value），指投入与产出、效用与费用的比值。功能（function），指产品所具有的特定用途和使用价值（客户维度）。成本（cost），指该产品从调研、设计、制

造、使用直至报废为止的产品全生命周期所花的全部费用，即总成本（企业维度）。

根据 VE/VA 的基本公式，提高价值的途径有：

- 功能不变，成本降低。
- 功能提高，成本不变。
- 功能提高，成本降低。
- 功能大幅度提高，成本略有提高。
- 功能略有下降，但成本大幅度下降。

VE/VA 如何配置最有效？

（1）应先从客户维度看功能，该功能对客户的重要度按 10 分制可以分为高、中、低三类：7 ~ 10 分为高重要度，对客户来说要"好"；3 ~ 7 分为中重要度，对客户来说要"有"；1 ~ 3 分为低重要度，对客户来说"无所谓"。

（2）从企业维度看，成本支出可以分为高成本与低成本两类：成本支出应考虑全生命周期发生的总成本，而非只是价格。

（3）从客户与企业两个维度，形成最具性价比的 VE/VA 方案（见表 6-1）。

表 6-1　VE/VA 最具性价比方案表

| 客户（功能需求）<br>企业（支出成本） | 无所谓 | 要"有" | 要"好" |
|---|---|---|---|
| 高成本 | 去除 | 降低 | 维持 |
| 低成本 | 降低 | 维持 | 提升 |

VE/VA 可以应用于各种产品或服务场景。以酒店为例，很多三星级、四星级酒店不赢利，原因就是没有做好 VE/VA。比如浴缸，从客户维度，客户因为担心卫生问题而很少使用，属"无所谓"；从企业维度，属于高成本（空间成本、购买成本、安装成本与清理成本），按 VE/VA 改善模型，应该去除浴缸。再如，淋浴对客户价值要好，成本相对浴缸属低成本，应提升。我们对三星级酒店进行 VE/VA 系列研究，就得到表 6-2。

表 6-2　三星级酒店 VE/VA 性价比方案表

| 经济型酒店的成本要素 | 功能对客户重要度<br>（高、中、低） | 企业支出成本<br>（高、低） | 价值决定 |
|---|---|---|---|
| 大堂档次 | 中 | 高 | 降低 |
| 购物区 | 低 | 高 | 去除 |
| 浴缸 | 低 | 高 | 去除 |
| 冰箱 | 低 | 高 | 去除 |
| 娱乐设施 | 低 | 高 | 去除 |
| 餐饮条件 | 中 | 高 | 降低（只留早餐） |
| 房间空间 | 高 | 高 | 维持 |
| 床上用品质量 | 高 | 低 | 提升 |
| 服务质量 | 高 | 低 | 提升 |
| 干净卫生 | 高 | 低 | 提升 |

分析过程中，我们不断对每个组成部分问以下 7 个问题：

（1）这是什么？

（2）这是干什么用的？

（3）它的成本是多少？

（4）它的价值是多少？

（5）有其他方法能实现这个功能吗？

（6）新的方案成本是多少？功能如何？

（7）新的方案能满足要求吗？

通过这种方式，改善我们不合理的设计，回归合理的质量要求，从而实现"好钢用在刀刃上"。

在具体 VE/VA 执行阶段，应有三大助力、一张检查表。

三大助力：一是竞品拆解，即从市场买回竞争对手的产品进行拆解。通过对竞争对手产品的拆解与对比，分析竞争对手产品设计中的长处和特色，发现差距，并启发衍生新的创意，找到改善点。二是专业供应商参与，邀请有技术专长的供应商一起参与 VE/VA，充分发挥供应商的专业优势；鼓励供应商对自己的产品、流程提出合理化改善建议。如果有可能，也可邀请客户代表参与。三是企业内跨部门群策群力，营销、设计、物流、采购、生产各部门通力合作，集思广益。

一张执行 VA/VE 的检查表，共 14 个问题：

（1）该项目的功能是否可以剔除？

（2）若该项目非标准品，是否可以使用标准品取代？

（3）若该项目是标准品，是否完全适用？

（4）该项目的使用，是否超出所需要的功能？

（5）重量是否可以减轻？

（6）该项目是否可以使用库存中的相似品替代？

（7）既定的公差要求是否超出实际所需要的？

（8）是否有不必要的功能？

（9）是否有不必要的表面处理精度？

（10）能否将该项目定位在"商业品质"的水准？

（11）能否以较便宜的方式自制？若目前为自制，是否可以外购？

（12）该项目设计是否便于运送，是否将所花的运费降到最低？

（13）包装成本能否降低？

（14）是否要求供货商提供降低成本的建议？

通过 VE/VA "好钢用在刀刃上"，你会发现成本降低 10%～30% 并不是件特别难的事，在成本优化的同时，实现客户满意度提高与公司利润增长。

## 三、第三个关键：与供应商开展战略合作，共同研发

市场竞争激烈，研发与供应链肩负着两个共同任务：第一，新产品如何通过创新增效降本；第二，老产品如何通过改进降本增效。由于对自己的产品过于熟悉，在降本上容易形成思维盲区或理念限制，这时借助专业供应商的经验与智慧，邀请供应商参与产品的设计与优化，对降本尤为有效。

### （一）优选供应商

优选供应商，开展战略合作，以量换价，健康降本。

在《采购4.0：采购系统升级、降本、增效实用指南》一书中，将采购分为四个阶段：采购1.0供应采购、采购2.0阳光采购、采购3.0战略采购与采购4.0价值采购。现在外部环境供需双变，与供应伙伴之间开展战略合作、高效协同已成趋势。我们对现有供应商数量与关系进行盘点：

- 我们的供应商总共有多少家？应该有多少家？
- 各个品类的供应商数量是否可以实现总成本优势？

- 年采购额低于 20 万元的（不同企业金额等级不同）有多少家，占比多少？
- 高于 1000 万元的（不同企业金额等级不同）有多少家？是否为战略合作？

很多企业供应商数量大、订单分散，每家都是一般关系，管理成本还高。

**外企西门子很早确定的供应商关系 15 条原则，值得借鉴：**

（1）寻找行业内最好的供应商，在技术、成本和产量规模上领先。

（2）所选定的供应商必须把西门子列为最重要的客户之一，这样才能保证服务水平和原料的可得性。

（3）供应商必须有足够的资金能力保持快速增长。

（4）每个产品至少由 2～3 个供应商供应，避免供应风险，保持良性竞争。

（5）每个原材料的供应商数目不宜超过 3 个，避免过度竞争关系恶化。

（6）供应商的经营成本每年必须有一定幅度的降低，并将此制度化。

（7）供应商的订货份额取决于总成本，即总成本 =

价格＋质量＋服务，总成本越高，订单份额就越少。

（8）新供应商可以在平等条件下加入西门子的 E-Biding 系统，以得到成为合格供应商的机会。

（9）当需要寻找新的供应商时，西门子会进行市场研究以找到合适的备选供应商。

（10）对潜在供应商要考察的是其财务能力、技术背景、质量体系、生产流程、生产能力等综合因素。

（11）合格的供应商将参与研发或加入高级采购工程部门的设计。

（12）先通过试生产流程的审核，来证明供应商能否按西门子的流程要求，生产符合西门子质量要求的产品。

（13）然后再通过较大规模的试生产，确保供应商达到六西格玛质量标准以及质量和生产流程的稳定性。

（14）如果大规模生产非常顺利，就进一步设立衡量系统（包括质量水平和服务表现）；如果不能达到关键服务指标，西门子就会对供应商进行"再教育"。

（15）当西门子的采购策略有变化时，供应商的总成本或服务水平低于西门子要求的时候，供应商的供应资格就可能被取消。

第 4 条和第 5 条一再强调如何与供应商合作，才能达成数量与关系的平衡，保持良性竞争。

2022 年，供应链遇到新冠疫情、国际形势冲击等很多的挑战，借鉴这一理念，我们通过以下步骤，帮助两家顾问企业在保供的同时实现健康降本 1 亿元以上：

（1）通过品类支出及需求分析、品类市场分析，制定品类采购策略（包括内部需求优化策略以及外部供应渠道优化策略）实现对品类的战略采购。

（2）按品类对合格供应商进行分级分类，淘汰低质供应商，每个品类优选 2～3 个供应商（1 家主供、1 家辅供、1 家备用），避免供应风险，保持良性竞争。

（3）对优选的供应商的需求点、担心点与抗拒点进行分析，以战略合作、以量换价为原则，制订双赢谈判方案。

（4）开展商务谈判、与供应商战略合作签约。

健康降本过亿元，让企业看到了供应链管理的巨大价值。但这种方法会随着用的次数增多，效用不断递减，那么后面还能做些什么？

**（二）合格供应商早期参与**

合格的供应商早期参与新产品研发，并对老产品降本提供建议，让供应商的价值得到充分的使用。

　　传统的产品研发设计是接力赛模式，在企业内部按部门顺序传递：研发部门确定规格后交给工程部门进行工业工程设计，工程部门完成后交由制造部门进行批量生产，经品检部门检验合格后由销售推向市场。在企业外部作业过程是研发确定规格后，交由采购部门按其规格要求开发相应供应商，再交由合适供应商生产，即串行设计。信息在部门间以移交结果方式完成，缺乏相互间的信息共享。上一工程并未充分考虑下一工程的能力、专业技术和成本。在发现问题之后，要重新回到上一工程进行修改，造成成本和时间的浪费。串行产品设计过程很明显具有产品设计周期长、信息与群体智慧未得到充分利用、设计发生修改的可能性大且修改产生的损失巨大等缺点，如图6-4所示。

图6-4　传统产品研发串行设计示意图

　　为了避免上述弊端，对设计研发阶段进行流程改造就成为制造型企业提升企业与产品竞争力的一个重要途径。在企业内部进行并行工程，打破部门界限，由各部

门代表参加设计研发小组，同步参与产品设计过程，充
分讨论和交流，考虑各工程的实际情况和以往经验与教
训。在企业外部，由采购邀请具有伙伴关系的供应商，
一同参与买方的产品设计小组，运用供应商的专业知识
及经验来共同设计开发，这就是采购与供应商早期参与
设计（early supplier involvement，ESI），如图 6-5 所示。
这样可以达到为便利采购而设计，可以利用供应商的标
准制程与技术，以及使用工业标准零件，实现原物料取
得的便利性，达到大幅度降低成本的目的。

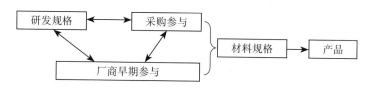

图 6-5　供应商早期参与并行开发 ESI 架构示意图

供应商的早期参与可以使企业致力于关键的设计和
组装，其他零部件的设计借助供应商的技术优势共同完
成，这样使企业更好地致力于核心业务。供应商早期参
与不仅有利于企业，也有利于供应商，为与它们建立长
期稳定的合作关系创造了条件。对企业来说通过供应商
早期参与同步并行，可以形成自己的竞争优势：一方面，

实施供应商早期参与的产品开发项目，产品开发周期可以大幅缩短，例如奥迪汽车的奥迪 A3，利用供应商早期参与同步并行工程，成功地将上市时间从 3 年变为 18 个月，大大超越了竞争对手的车型而赢得市场先机。另一方面，利用供应商专业优势，为产品开发提供性能更好、质量更可靠、成本更低的设计，从而获得产品成本与质量的性价比优势。美国密歇根州立大学的一项对降低采购成本方式的研究也证明了这一点，利用供应商的技术与工艺可降低的采购成本达 40%，而供应商参与产品开发可降低采购成本达 42%（见表 6-3）。

表 6-3　降低采购成本的方式对成本降低的影响

| 序号 | 降低采购成本的方式 | 成本可降低的比例（%） |
|------|----------------------|------------------------|
| 1 | 改进采购过程及价格谈判 | 11 |
| 2 | 供应商改进质量 | 14 |
| 3 | 利用供应商开展即时生产（JIT） | 20 |
| 4 | 利用供应商的技术与工艺 | 40 |
| 5 | 供应商参与产品开发 | 42 |

资料来源：美国密歇根州立大学。

日本丰田汽车多年来在新车研发上，有大量的供应商专业技术人员在项目初期就加入研发小组，将供应商的研发能力、好的设想和更先进的材料、资源、工艺方法整合到新车里，保证了产品的质量先进性、成本领先性与新车的快速上市。

国内的企业海尔邀请有长期战略合作伙伴关系的供应商参与有关零部件设计。海尔美高美彩电的开发过程就是同供应商进行联合开发、并行开发的典型事例。彩电的开发一般需要 6 个月的时间，但海尔使供应商成为合作伙伴，使其参与开发过程，同供应商不断进行技术交流，并且让供应商提前进入了模具设计。通过联合开发，美高美彩电仅用 2 个多月的时间就完成了开发，极大地缩短了开发周期。

根据供应商参与程度和深度的不同，可以将供应商早期参与由低到高分为五个层次，如表 6-4 所示。

表 6-4　供应商参与研发的程度和深度

| 参与层次 | 参与项目 | 内容说明 |
|---|---|---|
| 第一层 | 提供信息 | 根据企业的要求提供市场与技术信息资料，供企业参考 |
| 第二层 | 设计反馈 | 针对产品设计，供应商提出有关成本、质量、规格或生产工艺方面的改进意见和建议 |
| 第三层 | 零部件开发 | 供应商根据企业提出的零部件要求，深入参与或独自承担相关零部件的设计和开发工作 |
| 第四层 | 部件或组件整体开发 | 供应商承担企业产品中较重要的部件或组件设计和开发的全部工作 |
| 第五层 | 系统开发 | 供应商根据企业产品的整体要求，完全承担整个系统的开发工作 |

资料来源：董雅丽. 物流管理 [M]. 兰州：兰州大学出版社，2007.

统计结果表明，在发达国家有 60% 左右的供应商在早期参与过程中停留在第一层或第二层，只有 40% 的供应商处于第三层到第五层。较高层次的供应商，大部分都是技术水平领先、国际合作能力强的生产制造企业。

在做供应商早期参与研发时，有几个注意事项：研发要有开放心态，不要关起门来自己重新设计，而是应整合最好的现有技术。供应链部门要提供优秀供应商资源，助力研发。

研发与供应链部门要激发供应商积极主动地参与研发，同时还要避免形成对供应商的指定，形成垄断。可行做法是，对于早期参与研发的供应商，事先说明规则，给予订单等的支持。例如，第一年通过协商定价，给供应商分配 70% 的订单，剩下的 30% 订单通过招标竞争分配，主供应商仍可参与竞争；第二年则按 50% 给供应商分配订单，剩下的 50% 通过招标分配，主供应商仍可参与竞争；第三年则给供应商分配 30% 的订单，剩下的 70% 订单通过招标竞争分配，主供应商仍可参与竞争；第四年全部对外招标。一定要给供应商一个基本量，让供应商有参与的积极性。

为了适应市场的变化，供应链要与研发建立协同，企业应放弃造成大量浪费的成本加利润的产品定价模式，改为目标成本法。目标成本法最大的作用是建立了一种研发与供应链之间的良性协同机制。之前研发人员不关心成本，供应链去推动研发改进设计会遇到很大的阻力，现在降本的指标要考核研发，研发开始关心成本、改进成本。在目标成本的指引下，研发开始对进口原材料进行替代即国产化或本地化，使采购、物流、仓储成本都大幅度降低；开始对纷繁复杂的物料编码进行归一化，即标准化、通用化、模块化、平台化，形成优选物料库；再对优选物料库里的物料进行 VE/VA 分析，以客户视角优化设计，将成本与客户的价值进行优化配置，把好钢用在刀刃上，从而获得更大的产品竞争优势。在这个过程中，要注意对竞品的分析与研究，邀请有研发能力的供应商在产品设计初期参与进来，运用供应商的专业能力缩短开发周期、获得成本优势。供应链部门优选供应商，开展战略合作，以量换价；要搭建桥梁，让供应商定期与研发人员交流新技术、新工艺、新材料，取长补短，将供应链里最具价值的供应商的技术能力整合成自己的研发实力，为客户创造价值。

研发与供应链协同降本的逻辑架构如图 6-6 所示。

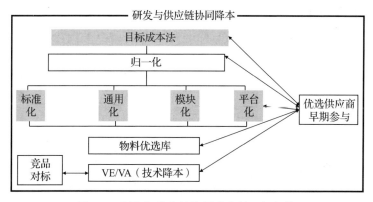

图 6-6　研发与供应链协同降本的逻辑架构

学以
致用

【学】

请用自己的语言描述本章的要点：

**【思】**

描述自己企业的相关经验与本章对自己的启发：

**【用】**

准备如何应用？希望看到的成果是什么？

会遇到哪些障碍？

## 解决障碍有哪些方法、措施、资源？

-------------------------------------------------------------

-------------------------------------------------------------

-------------------------------------------------------------

-------------------------------------------------------------

## 行动计划：

-------------------------------------------------------------

-------------------------------------------------------------

-------------------------------------------------------------

-------------------------------------------------------------

# 价值链落地：OGSM 从规划到执行

中国企业，不缺老板振臂一呼的组织动员能力，不缺高目标和自我变革的决心。最缺什么？缺目标共识，缺目标与行动之间的逻辑，缺量化的分阶段跟踪，导致绩效无法落地。很多企业年初定战略目标，老板热血沸腾，团队将信将疑，认认真真走形式，结果靠天；干得好归功于自己的努力，干不好归因于大形势。一句话：缺乏一套从规划（战略）到落地（绩效）的科学方法，这套科学方法要解决的问题是：

- 目的、目标要有价值，有团队共识。
- 从目标到策略要有必然逻辑，形成能力。
- 策略要有量化分解，有数据支持。

- 策略、指标要有具体的行动计划支撑。

有适合中国企业简单高效、过程可控、成果落地的科学方法吗？可以试试 OGSM。OGSM，是 objective（目的）、goal（目标）、strategy（策略）、measure（衡量）的英文简写，从德鲁克提出的目标管理理念中演变产生。在这里感谢袁园老师的 OGSM 课程，让我感受到这个工具简单高效、落地实用的特点。我们将 OGSM 应用于企业价值链提升项目，规划整个价值链体系与目标，拉通跨部门共识，跟踪重点项目推进进度，都取得了很好的效果。在工具应用时，常常一说就懂，一用就错，本章内容最开始源自给顾问企业团队写的 OGSM 使用说明书。

——

## 第一节　企业战略规划落地工具

### 一、KPI、OKR、OGSM 的关系与区别

KPI（key performance indicator），即关键绩效指标，是把企业的战略目标分解为各部门的关键绩效指标，用于绩效考核与激励。KPI 适用于外部环境稳定的企业，优

点是指引性强，考核什么，员工就会去干什么。缺点是上下冲突、左右冲突。上下冲突是指管理高层要成果，就定高目标往下压；执行层要被考核，和上层讨价还价，强调外部困难与资源不足，管理层与执行层每年都要开展一次指标谈判。左右冲突是指各部门之间 KPI 不一致，为保证自己的 KPI 而导致跨部门之间的行为冲突。比如采购为了完成降本指标，会选便宜的供应商与物料，但质量部门为了完成自己的质量指标，就会提高检验标准与惩罚力度，两个部门由于目标背反会导致非常大的协调成本。KPI 还有一个最大的问题，就是现在外部环境多变，定 KPI 的前提条件变了，结果就不可控了。比如采购降本的计算公式：采购降本 =（历史价格 - 当前价格）× 数量。但当下原材料价格大涨大跌，剧烈波动，已不是靠采购部门就能控制的了，再用这种公式来考核已经没有意义了。

OKR（objectives and key results）即目标与关键成果法，适用于多变的外部环境，在谷歌、字节跳动等互联网公司广泛应用。OKR 是一套明确跟踪目标及其完成情况的管理工具，明确公司和团队的"目标"以及明确每个目标达成的可衡量的"关键结果"。OKR 的优点是在组织内实现整体目标达成共识与共享，帮助协调和集中资源。缺点是在策略分解、行动落地上缺少抓手。

OGSM 是把公司战略、目标转化为表达清晰的、可执行和可衡量的策略与计划，被宝洁、可口可乐等世界 500 强企业视为管理者必须掌握的从规划到执行的工具。OGSM 有如下特点：

- 简单的形式：一张纸。
- 方便思维：简单高效。
- 方式转变：条理清晰，易掌握。
- 结果明确：用数据说话。
- 务实性：有挑战，有成功的可能性。
- 责任性：责任明确。
- 时限性：具体，可操作性及跟进性强。

KPI、OKR、OGSM 都有合适的应用场景，可以这么理解：KPI 是绩效管理工具，是从过去衡量当下；OKR 是目标管理工具，用于探索未来；OGSM 处于中间，是从目标到绩效落地，是从未来制定当下的行动，如图 7-1 所示。OGSM 解决了跨部门对目标的共识、目标与行动之间的逻辑等问题，包括行动计划的跟踪执行，使管理有抓手，价值能实现，能力有提升。

图 7-1　KPI、OKR、OGSM 应用场景

## 二、OGSM 的内容

OGSM 在具体表现上是一张表格，但里面有其内在的逻辑关系，如图 7-2 所示。其中目的与目标是做正确的事，策略与衡量是保证把事情做正确。

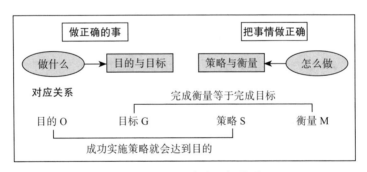

图 7-2　OGSM 内在逻辑关系

目的（O）是文字描述：当我们成功时，我们看起来像什么样子？

目标（G）是对目的（O）更细化、更精准化的描述，G 的实现可以保证 O 的达成。

策略（S）和目的（O）是充分条件的关系，策略制定后一定要问自己：这样可以实现目的吗？

衡量（M）就是什么人（who）在什么时间（when）达成了什么结果（what），是可量化的。衡量（M）与目标（G）是充分条件的关系，衡量（M）指标定好后一定要问自己：这样可以实现目标吗？

此外，行动计划是承接落地的抓手，回答什么人（who）在什么时间（when）具体做什么。

## （一）O、G、S、M核心要点

### 1. 目的（O）

目的（O）是定性的文字描述，是针对组织、部门或项目而言的。目的实质上在描绘组织、部门、项目存在的价值，它指引团队中、长期的决策及执行的方向。

在价值链管理上，可以用目的描述组织的价值。

在具体的描述上，可以借用客户画像，问过去、现在、未来，我们的客户是谁？

对企业价值，问我们可以为客户带来哪些最大价值？

对企业效能，问我们可以为客户解决哪些问题？

对品牌定位，问我们希望客户想到我们时，就立刻联想到什么？

将上述关键词整合成一句话，就描述清楚了企业价值链管理的中、长期目的，如表 7-1 所示。

**表 7-1　企业价值链管理的关键五问**

| 项目 | 问题 | 回答（关键词） |
|---|---|---|
| 客户画像 | 过去、现在、未来，我们的客户是谁 | |
| 企业价值 | 我们可以为客户带来哪些最大价值 | |
| 企业效能 | 我们可以为客户解决哪些问题 | |
| 品牌定位 | 我们希望客户想到我们时，就立刻联想到什么 | |
| 最终目的描述 | 当我们成功时，我们看起来像什么样子 | |

因为目的最终描述的是当我们成功时，我们看起来像什么样子，是成功后的景象，所以对目的设定有几个衡量标准：目的描述要"胆大包天"，要能激励人心。目的不是由现状向未来延伸，而是探索未来成功情况的过程。要面对残酷现实，寻求根本的解决方案，而不只是改善方案。

### 2. 目标（G）

目标（G）是定量的，用数字描述具体目标是什么。

目标是对目的更细化、更精准化的描述，是实现目的过程中的阶段性结果。目标的实现可以保证目的的达成，是短时间内想要到达的目的地（结果），是可以指引团队并以此分配和使用有限资源的，是对阶段性结果的量化描述，是具体的、可衡量的、可达到的、与目标相关且有明确截止时间的。目标要说明我们到底想要完成什么，我们的具体目的地究竟在哪里。

目标的描述公式：时间段 + 动词 + 名词。

注意：因为增长的公司才有前途，所以下降的目标不该提出。目标的设计要符合三赢原则，即跑赢大盘、跑赢竞品、跑赢自己。

### 3. 策略（S）

策略（S）是一种文字描述，就是你选择什么，去达到目的和目标。

策略的描述公式：通过……，达到……。

策略决定选择的资源（人员、资金、时间、方法），并规划如何使用资源，以达成目的。资源的取舍决定达成目标的策略方向。所以判定策略是否成功，在于是否清楚地描述策略，让大家对资源能够做出取舍。

策略是取舍，要聚焦，所以策略不宜多，一般 3 ～ 5 个，包括业务策略和组织策略。

策略和目的之间是充分条件的关系，策略制定后，要反问自己：这样的策略一定会实现目的吗？我们年年定计划，为什么很多都无法完成，是因为没有考虑现实的障碍。

在制定策略时，要进行头脑风暴，讨论现实的障碍有哪些，针对这些障碍，我们有哪些应对措施。

举个例子，很多人每年都会定减重指标，但很少有人能完成，为什么？因为定策略时没有考虑现实的障碍。

很多人减体重，在策略上有两条：

（1）"迈开腿"，每天走路1万步。

（2）"管住嘴"，每天少吃，少喝酒。

好像没有问题，但现实的障碍是：

（1）最近一个月都在下雨，无法去户外走路。

（2）最近公司应酬多，必须吃、喝。

这时，你的策略应该是针对现实的障碍，有哪些方法、资源、人员可以帮助你，可行的对策是什么，如表7-2所示。

表7-2 针对现实障碍的讨论分析

| 现实的障碍 | 可用的资源、人员、方法 | 应对障碍的措施 |
| --- | --- | --- |
| 最近一个月都在下雨，无法去户外走路 | 向成功人士学习 | 每天剧烈运动15分钟 |
| 最近公司应酬多，必须吃、喝 | 向成功人士学习 | 宣布彻底戒酒，减少应酬 |

### 4. 衡量（M）

衡量（M）即用哪些具体的指标来衡量策略的成功。

衡量同样是可量化的，每月或每季度追踪一次。衡量要与目标一致，要遵循 SMART<sup>⊖</sup>原则，要有具体的行动计划。

以减重为例：1 年减 10 公斤，这是具体目标，你会怎么做呢？去健身是策略。针对策略，你可以定更细的衡量指标：一个月去健身房 15 天，每次运动 2 小时，每次消耗不低于 500 千卡。每月什么时间去健身房，每次运动多少小时，就是行动计划。

用颜色表示每个月的计划完成情况：

- 绿色代表按进度完成计划。
- 黄色代表接近按进度完成计划。
- 红色代表没有按进度完成，严重滞后。

## （二）制定具体的 OGSM

前面已经说明了 OGSM 每个字母的含义，接下来制定具体的 OGSM，如表 7-3 所示。

---

⊖　SMART 是五个单词的首字母，即 specific（具体的）、measurable（可衡量的）、attainable（可达到的）、relevant（与目标相关的）、time-bound（有截止时间的）。

表 7-3　OGSM 计划制订

| 目的 | 目标 | 策略 | 衡量 | 行动计划 | | | 进度跟踪 |
| Objective | Goal | Strategy | Measure | 具体行动 | 负责人 | 时间 | |
| 当我们成功时，我们看起来像什么样子 | 具象化的结果是什么 | 为了达成目标，需要做怎样的选择和聚焦 | 用哪些具体的指标来衡量策略的成功 | 列举要执行的方案 | 谁负责 | 什么时间完成 | 提前或按时完成标绿，落后或风险不可控标红。很有可能无法按时完成标红，有风险但可控标黄 |
| 文字描述，精炼的一句话表达期待达成的目的，和上级的目的、目标方向一致 | 数据 | 文字描述 | 数据 | 分项目或分步骤 | 岗位＋姓名 | 具体日期 | |
| | | | | | | | |
| | | | | | | | |
| | | | | | | | |

OGSM 向下分解，如图 7-3 所示。下级部门的基本目的是保证上级目标的实现，下级 OGSM 要确保承接上级的策略和衡量。如果你不了解你做的事会对上级 OGSM 起什么支持作用，那就停止。这有助于确保部门／子团队的所有活动都一致，并且专注于达到共同的目的，同时允许部门／子团队在资源有限的情况下做出相应的策略。

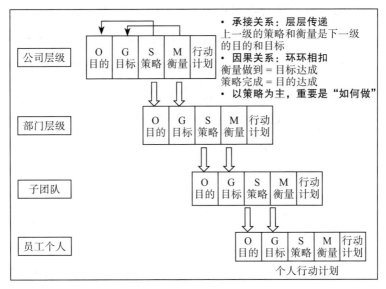

图 7-3　OGSM 向下分解示意图

OGSM 很好，但并不意味着所有的企业都能用好，下一节是一家跨境电商企业的价值链落地 OGSM 全案。

## 第二节　企业案例：跨境电商价值链项目 OGSM 规划到执行

义乌市亚杰网络科技有限公司是一家跨境电商企业，主要产品是银铜合金饰品，以亚马逊为主要平台进行全球销售。创始人傅坚对供应链管理有很长远的战略思考，与供应商之间长期合作，不断帮扶，甚至会给一些供应商提前付款，供应商对这家企业依赖程度很高。

2021 年，该公司启动亚杰价值链项目。在做访谈时，供应链团队期望顾问帮他们实现采购成本降低与团队专业能力的提升，但傅坚却提出了关于价值链管理的要求（下面引用的是傅坚的原话）。

### 一、项目目标

姜老师，最近我思考了一下，然后又观察了一些做得好的同行，我发现我们最大的成本浪费不是因为采购价格，而是因为质量问题。我们至少有一半爆款在新品起来后会因为差评被打下去，不仅前面大量投入白费，留下一堆库存，还失去了增长机会。这造成的损失是无法计算的。如果质量问题不解决，我感觉我们做的 70% 的工作其实一直在低水平重复，而且投资回报会越来越低。

## 二、现实的障碍

目前整个公司陷入了低成本—质量变差—降价—更低成本的恶性循环，对供应商的要求只剩价格一个维度，结果就是这几年质量越来越差，就算想做好质量，但一听工厂报价就又回到价格维度。质量好的工厂开始不愿和我们合作，因为量小还要便宜。现在整个运营、采购团队都被这个价格导向带歪了，供应商工厂也养成了很差的习惯。

## 三、基于障碍的可行策略

我想接下来一定要进行分类分析，对于提高质量，我的想法是：分好类别，价值高的小类别，筛选 1 ～ 2 家工厂进行深度合作。我们提出质量要求，供应商改变工艺和管理，同时我们也接受新的价格。如果供应商工厂能做到质量达标，那么这个产品就是它做，如果价格太高我们宁可不做，也不找质量差的做。有了量以后，和工厂一起想办法保质量降本，用系统的方法来帮助团队和供应商工厂转型。我们要建立一套帮助工厂优化品质的系统，帮工厂一起转型。这需要付出的时间和资金会很多，但我们愿意为此长期投入。同时还希望投入研发资金，和工厂联合攻关技术难题，提高工艺水平，提高质量和效率，从而降低长期成本，同时还能做到高品质。

在傅坚对整个价值链的关键点与策略都把握清晰后，结合顾问的经验，我们细化价值链项目的 OGSM。

**目的（O）**：组织的价值是什么？当我们成功时，我们看起来像什么样子？

回答：通过提升供应链组织能力，优先提高产品质量，再降低供应链总成本，实现业务增长与利润提升。

**目标（G）**：量化目的。

（1）2021 年 12 月～ 2022 年 6 月，组织系统搭建完成。

（2）2022 年 3 月～ 2023 年 3 月，在亚马逊 95% 的核心品类的客户评分从 4.0 分提高到 4.5 分以上，客诉率由 0.5% 降至 0.1%（质量优化）。

（3）2022 年 3 月～ 2023 年 3 月，各品类总降本 1000 万元（成本优化）。

**策略（S）和衡量（M）**：基于目标、现实的障碍，分解出如下策略与衡量。

（1）基于良性竞争的战略合作。

- 通过供应商质量绩效，筛选出核心品类合格供应商名单，确定核心品类的供应商，展开战略合作。

- 通过设计供应商绩效管理与订单分配机制，建立供方良性竞争的战略合作关系，打造战略合作成功案例，吸引其他供应商主动参与报名，并促使质量绩效改进与降本目标实现。

- 向供应商说明战略合作关系（份额、培训辅导、新品份额及产品推荐权、数据共享）。

该策略的衡量：

- 2022 年 1 月完成供应商绩效管理与订单分配机制设计。

- 2022 年 1 月确定 40 ～ 50 家初选供方名单。

- 2022 年 1 月谈判确认 1 个品类的战略合作方，并进行对外宣传造势，促使供应商主动表态。

（2）客诉数据的信息共享与改进。

通过小程序等工具建立客诉通知、供应商流程和供应商生产日报表反馈流程，提高供应商对客诉问题的反应速度和订单准交率，达成核心客诉问题发生率降低、订单准交率提升的目标。对系统性问题，我方介入帮助供应商做质量问题分析与解决。

（3）聚量：年度合作商务谈判。

通过商务谈判资料整理，确定商务谈判策略，进行商务谈判演练，输出商务谈判策略及复盘表，并通过订单分配机制进行商务谈判，与供应商签订采购合同，达成年度降本及与核心供方的战略合作。

该策略的衡量：

- 2022 年 2 月完成供方商务谈判资料准备，输出谈判方案、合同模板、降本方案。
- 2022 年 2 月进行 3 次模拟商务谈判。
- 2022 年 2 月输出商务谈判策略及复盘表。
- 2022 年 3～4 月与各供应商正式谈判，签订采购合同。

（4）供应商辅导，促进质量与成本能力提升。

通过顾问老师对合格供应商进行集中辅导，提升供应商能力，达成供应商质量提升、成本降低的目标，具体计划：

- 2022 年 6 月进行 1 次成本改善与质量提升的集中辅导，下发改善任务。
- 2022 年 9 月进行 1 次成本改善与质量提升的集中

辅导。

- 2022 年 12 月召开供应商大会，进行改善结果验收和供应商表彰。

（5）组织能力建设。

通过与顾问老师一起设计组织架构、岗位职责和绩效考核方案，完善内部组织架构。

该策略的衡量：

- 2021 年 12 月完成组织架构调整。
- 2022 年 1 月完成岗位职责和绩效考核方案。
- 2022 年 5 月正式推行新绩效考核方案。

根据上述衡量指标，排出行动计划、负责人、完成时间，最终完成了亚杰电商的价值链提升项目 OGSM，如表 7-4 所示。

期待越来越多的企业应用 OGSM，让价值链提升从规划到执行达成团队共识，能力得以提升，让组织绩效真正落地。

表 7-4　价值链提升项目 OGSM

| 目的 Objective | 目标 Goal | 策略 Strategy | 衡量 Measure | 行动计划 具体行动 | 负责人 | 时间 |
|---|---|---|---|---|---|---|
| 通过提升供应链组织效能力，优先提高产品质量，再 | • 2021年12月 ~ 2022年6月，组织系统搭建完成<br>• 2022年3月 ~ 2023年3月，在亚马逊的核心品类的客户评分从4.0分提高到4.5分以上， | 1. 通过供应商质量绩效，筛选出核心品类合格供应商，确定核心品类战略供应商，通过设计订单分配展开供应商战略合作；通过设计订单分配与供应商绩效管理，建立供方良性竞争的战略合作关系，打造战略合作成功案例，并促使供应商主动参与绩效表现（份额、新品份额及产品推荐权、数据共享） | • 2022年1月完成供应商绩效管理与订单分配机制设计<br>• 2022年1月确定供40 ~ 50家初选供方名单<br>• 2022年1月谈判确认1个品类的战略合作方，并进行对外宣传造势，促使供应商主动表态 | 1. 进行各品类供应商名单整理 | 负责人（略） | 2021年11月1日 |
|  |  |  |  | 2. 进行供应商拜访、收集整理商主要信息，记录薄弱点及进行风险评估，进及输出供应商初选及供应商选择标准 |  | 2021年12月 ~ 2022年1月 |
|  |  |  |  | 3. 设计供应商绩效管理制度，明确订单分配机制 |  | 2022年1月 |
|  |  |  |  | 4. 向 x x 标杆企业学习降本案例，梳理流程和关键点后，设定谈判策略，选定1个品类供应商，开展商务谈判，确定战略合作关系 |  | 2021年12月 ~ 2022年1月 |
|  |  |  |  | 5. 向其他优势供应商说明战略合作的优势和亮点，激发供应商主动报名 |  | 2022年2月 |
|  |  | 2. 通过小程序等工具建立客诉通知、供应商流程和供应商生产日报表反馈问题的反应速度，提高供应商对客诉问题的反应速度，达成核心客诉问题交率，达成和订单准交率；订单准交率提升的目标。对系统性降低，对系统性提升我方介入帮助供应商做质量问题分析与解决。 | • 2022年12月小程序开发完毕，投入使用 | 1. 明确开发需求、数据来源，供应商建议 |  | 2022年3月 |
|  |  |  |  | 2. 优选合适的承载工具 |  | 2022年4月 |
|  |  |  |  | 3. 进行需求说明和需求确认 |  | 2022年4月 |
|  |  |  |  | 4. 开发商进行程序开发 |  | 2022年4月 ~ 7月 |
|  |  |  |  | 5. 进行开发测试 |  | 2022年7月 ~ 9月 |
|  |  |  |  | 6. 面向主要供应商开始投入使用 |  | 2022年9月 ~ 12月 |
|  |  |  |  | 7. 帮供应商建立控制计划(QCP) |  | 2022年12月 |

| 目标 | 衡量指标 | 策略 | 行动计划 | 详细步骤 | 时间 |
|---|---|---|---|---|---|
| 降低供应链总成本，实现业务增长与利润提升 | ·客诉率由 0.5% 降至 0.1%（质量优化）<br>·2022 年 3 月~2023 年 3 月，各品类降本 1000 万元（成本优化） | 3. 通过商务谈判资料整理，确定商务谈判策略，进行商务谈判演练，输出商务谈判策略及复盘表，并通过订单分配机制进行商务谈判，与供应商签订采购合同，达成年度降本及与核心供方的战略合作 | ·2022 年 2 月完成供方商务谈判资料整理，输出谈判方案、合同模板、降本方案<br>·2022 年 2 月进行 3 次模拟商务谈判<br>·2022 年 2 月输出商务谈判策略及复盘表<br>·2022 年 3~4 月与各供应商进行正式谈判，签订采购合同 | 1. 整理各类供应商老板性格、产品相关薄弱点，各品类成本分析可降本路径，针对各供应商设计对应的谈判方案，合同模板和降本方案<br>2. 顾问老师进行谈判知识培训，×× 对相关人员做总结和归纳<br>3. 进行 3 次模拟演练，复盘总结技巧，输出商务谈判策略及复盘表<br>4. 挑选 1 家供应商进行实战训练，并进行复盘总结<br>5. 开展各品类入选供应商谈判，并签订采购合同 | 2021 年 12 月~2022 年 2 月<br><br>2022 年 2 月<br><br>2022 年 3 月~2022 年 4 月 |
| | | 4. 通过顾问老师对合格供应商进行集中辅导，提升供应商能力，达成供应商质量提升、成本降低的目标 | ·2022 年 6 月进行 1 次成本改善与质量提升的集中辅导，下发改善任务<br>·2022 年 9 月进行 1 次成本改善与质量提升的集中辅导<br>·2022 年 12 月召开供应商大会，进行改善结果验收供应改善结果表彰 | 1. 召开第一次战略合作供应商辅导，请顾问老师对供应商做成本改善辅导，并下发改善任务<br>2. 第二次辅导回收改善结果<br>3. 年末召开供应商大会，确认供应改善计划完成情况，进行年度表彰 | 2022 年 6 月<br><br>2022 年 9 月<br><br>2022 年 12 月 |

（续）

| 目的<br>Objective | 目标<br>Goal | 策略<br>Strategy | 衡量<br>Measure | 行动计划 | | |
|---|---|---|---|---|---|---|
| | | | | 具体行动 | 负责人 | 时间 |
| 通过提升供应链组织能力，优先提高产品质量，再降低供应链总成本，实现业务增长与利润提升 | • 2021年12月～2022年6月，组织系统搭建完成<br>• 2022年3月～2023年3月，在亚马逊95%的核心品类的客户提高评分从4.0分以上，客诉率由0.5%降至0.1%（质量优化）<br>• 2022年3月～2023年3月，各品类总成本1000万元（成本优化） | 5.通过设计组织架构、岗位职责和绩效考核方案，完善内部组织架构 | • 2021年12月完成组织架构调整<br>• 2022年1月完成岗位职责和绩效考核方案<br>• 2022年5月正式推行新绩效考核方案 | 1. 同顾问老师一起确认组织架构及组织架构调整方案，画出新的组织架构图 | | 2021年12月～2022年1月 |
| | | | | 2. 确定各岗位职责及岗位价值点，输出绩效考核指标，明确绩效调整方案 | | 2022年1月 |
| | | | | 3. 完成组织架构、岗位职责、绩效方案的最终审核并通过公司内部审核 | | |
| | | | | 4. 进行绩效数据测试，调整、宣讲和执行 | | 2022年2～4月 |

**学以致用**

**【学】**

请用自己的语言描述本章的要点：

---

---

---

---

**【思】**

描述自己企业的相关经验与本章对自己的启发：

---

---

---

---

**【用】**

准备如何应用？希望看到的成果是什么？

---

---

---

---

会遇到哪些障碍？

-------------------------------------------------------

-------------------------------------------------------

-------------------------------------------------------

-------------------------------------------------------

解决障碍有哪些方法、措施、资源？

-------------------------------------------------------

-------------------------------------------------------

-------------------------------------------------------

-------------------------------------------------------

行动计划：

-------------------------------------------------------

-------------------------------------------------------

-------------------------------------------------------

-------------------------------------------------------

# 后　记

从《采购 4.0：采购系统升级、降本、增效实用指南》到《决胜供应链：降本增效快响应》再到《决胜价值链：从供应链到价值链管理跃迁》，是我对时代的思考，是我对企业供应链辅导的实践总结分享，也是个人职业定位的迭代升级。

未来环境"变"是常态，企业不变的是创造价值、应对挑战的组织能力，我们将其称为价值链管理。

如何建设价值链体系？管理团队要脑中有忧患，心中有利他，手中有价值。

要做正确而难的事，基于长期价值主义，突破系统瓶颈，让价值流动，提升有效产出。

企业没有价值链管理部门，必须有一个部门变成发动机来推动价值链。

采购将供应链的问题暴露，供应链将价值链的问题暴露。所以采购必须站在供应链的高度推动供应链改进，供应链必须站在价值链的高度推动研发、营销高效协同，推动价值链系统升级进化。我们坚信这点，所以5年前就将供应链社群命名为价值链研习社，我们对供应链人面对的挑战与压力感同身受，写下第1版《中国供应链奋斗者宣言》，成为有些企业晨会的背诵篇章，摘录如下。

## 中国供应链奋斗者宣言

作为一名供应链管理者，我心怀感激：感谢所有在供应链领域做出杰出贡献的实践者，感谢他们奋斗创新、创立典范、强企兴国。

作为一名供应链管理者，我心怀梦想又脚踏实地，我将学习成长与岗位贡献相结合，拓展人生格局，共建丰盛生态。我们拥抱变化，心怀正念，利他精进。战略、流程、团队与数字化是我的布局；质量、成本、交期、库存是我的贡献。以客户为中心，与销售协同，与研发合作，与供应伙伴共舞。我们让产品更加物美价优，我们让供应链更加敏捷强壮，我们让世界更加美好。

为了我们的梦想，向着美好的未来，中国供应链奋斗者共同约定：

- 恪守职业道德，爱岗敬业，阳光廉洁。
- 以专业赢得尊重，靠奋斗成就未来。
- 贡献价值，高效协作。
- 按时付款，双赢合作。

向中国所有的供应链奋斗者们致敬！

让供应链管理成为中国腾飞的核心竞争力！

我们期待越来越多的企业，能将供应链升级为价值链管理，那时，供应链管理才成为中国腾飞的核心竞争力！

在这里，谨以本书，感谢我众多的客户，尤其是以下顾问企业：南孚电池、沪上阿姨、五菱汽车、中迅农科、方太集团、伊利集团、国家电网、厦门航空、四川航空、凯众股份、心连心、蓝山屯河、啄木鸟、Varian（瓦里安）、晟通科技、震坤行、百亚股份、一撕得、义乌亚杰网络、宝宝馋了、麻爪爪、中外运海外事业部、武汉自然萃、深圳拉普拉斯能源技术……

感谢它们的信任，感谢它们的精进，共同探索从供应链到价值链的升级，共同走向美好的未来。让我有机会与它们相伴成长，一起飞。

感谢中国所有为客户创造价值的企业与企业家们，愿各位绝不躺平，不浪费一场危机，推动组织升级。决胜价值链，为客户创价值，为国家创优势，为人类创丰盛。

姜宏锋